MAILAND

MARA KLÜVER

Der perfekte
MÄDELSURLAUB

BRUCKMANN

Inhalt

Oh mia bella Milano!

Die kleine Stadt der Mode
kommt ganz groß raus

Mailand ist einfach ideal für einen Mädelsurlaub! Der Dom mit seinen eleganten Linien, die romantischen Straßen Breras und des *Navigli*-Viertels, Sushibars und Taschen und Schuhe von Prada & Co. – Kultur, Shopping, Essen und Trinken kann man hier auf tausend verschiedene Arten genießen, und jede wird sich so ihr eigenes Bild von Mailand machen.

»Milàn l'è picinina«, dieser Satz im Mailänder Dialekt bringt es auf den Punkt: Mailand ist klein. Das Gemeindegebiet breitet sich auf nur 182 Quadratkilometern aus. Und mit 1,35 Millionen Einwohnern ist die Stadt sicher nicht mit London oder New York zu vergleichen. Und doch wird sie regelmäßig in einem Zug mit den Weltmetropolen genannt. Da hat wohl das italienische Sprichwort recht: »Der gute Wein steckt im kleinen Fass«.

Bei der Entdeckung dieser heiteren und erstaunlichen Stadt braucht man eigentlich nur bequeme Schuhe (die schicken kann man sich für den Abend aufheben!). Alles, was noch zur Stadt zählt, lässt sich prima zu Fuß erkunden und für die, die ihre Miu-Miu-Schuhe absolut nicht ausziehen will, gibt es ein gut funktionierendes Verkehrsnetz.

Um die Stadt richtig erleben zu können, muss man einen Blick in die Köpfe und Herzen der Mailänder Mädels werfen. Die Girls der lombardischen Metropole haben eine feste Regel: Man darf jedes Kleidungsstück, ob vom Markt oder von H&M, anziehen, jedoch müssen Schuhe und Tasche von einer bestimmten Marke sein. So tragen die coolen Mädels nur schlichtes Schwarz und wenige Accessoires. Also auf in das *Quadrilatero d'oro*, das goldene Rechteck, wo Armani, Gucci, Prada und Fendi auf neugierige Kundinnen warten. Und weiter geht's zum Corso Vittorio Emanuele und in die Via Torino. Hier gibt es bekannte Läden mit italienischem Touch. Auf dem Corso di Porta Ticinese und im Navigli-Viertel ist Vintage angesagt. Die kleinen Boutiquen in Brera für ganz feine Damen oder die in den Gassen hinter der Piazza Cordusio sind auch einen Schaufensterbummel wert.

Eines muss man wissen: In Mailand arbeitet man immer und überall. Bei einem Cocktail, einem Abendessen oder während des Besuchs einer Sushibar (die beliebteste Bar der Fashion Ladys!). Jedoch kann man sich dieser Hektik auch mal entziehen und in den niedlichen Cafés an den Kanälen im Navigli-Viertel den Cappuccino in aller Ruhe genießen. Am Abend geht's dann richtig los, ob Navigli, Isola, Corso Como, Brera oder Porta Romana. Die Club- und Cocktailszene ist einfach perfekt. Und wer es etwas ruhiger möchte, sollte in ein gemütliches Restaurant gehen. Der Donnerstag ist der Ausgehtag (am Freitag fahren die schicken Leute ins Wochenendhaus), also lieber einen Tisch vorbestellen!

Kultur ist immer cool, vor allem wenn sich die Architektur- und die Designstudenten in den Privatgalerien treffen und über Kunst diskutieren. Es gibt genug Kultur für jede Frau. Sie muss sich nur umschauen. Kirchen und Kunstgalerien, versteckte Museen und elegante Palazzi und sogar Überreste der Römer haben in der Stadt ihre Ruhe gefunden.

Zur Entspannung kann man sich in den wenigen, aber wunderschönen Parks ausruhen. Oder, wie es die Mailänderinnen machen, mit dem Fahrrad fahren. Das erfrischt den Geist und hält den Körper fit und schlank. Und wer dann von *bellezza* immer noch nicht genug hat, kann sich in den Spas oder in den vielen verschiedenen Schönheitssalons großartig fühlen. So wie man sich als Urlauberin in Mailand einfach großartig fühlen wird!

0
300 m
N
Cimitero Monumentale
Piazzale Cimitero Monumentale
Monumentale
Quartiere Cinese
Stazione F.N.M. Domodossola
Arco della Pace
Acquario Civico
Triennale di Milano
Parco Sempione
Museo d'Arte Antica
Castello Sforzesco
Stazione Cadorna F.N.M.
Lanza
Cairoli
Cadorna FNM Triennale
Cenacolo
Conciliazione
Pagano
Buonarroti
Wagner
Casa Verdi
Amendola Fiera
De Angeli
Fopponino
S. Ambrogio
Zona 1
Museo della Scienza e della Tecnologia Leonardo da Vinci
S. Agostino
Parco Archeologico dell'Anfiteatro Romano
Porta Genova FS
Museo Alda Merini
Naviglio Grande
Porta Ticinese
S. 46-77
S. 112-143
S. 12-45
Fiera Milano City
Piazzale Giulio Cesare
Viale Lodovico Scarampo
Viale Teodorico
Via Cenisio
Piazza Gerusalemme
Corso Sempione
Viale Elvezia
Corso Vercelli
Corso Magenta
Via San Vittore
Viale Papiniano
Via Vincenzo Foppa
Via Andrea Solari
Via Giorgio Washington
Piazza Napoli
Piazza delle Milizie
Ripa di Porta Ticinese
Darsena
Naviglio Pavese
Corso San Gottardo
Via Emilio Gola

Isola
Piazza Tito Minniti
Via Gangliano
Via Volturno
Via Luigi Galvani
Via M. Gioia
V. Tonale
Via Fabio Filzi
Stazione Centrale
Viale Brianza
Viale Monza
Via Padova
Via Andrea Costa
Piazzale Loreto
Via Porpora
Stazione Porta Garibaldi F.S.
Largo Aldo De Benedetti
Gioia
Grattacielo Pirelli (Reg. Lombardia)
Piazza Duca d'Aosta
Piazza Luigi di Savoia
Centrale FS
Caiazzo
Piazza Caiazzo
Andrea Doria
Santissimo Redentore
Piazza Argentina
Loreto
Piazza Aspromonte
Viale Gran Sasso
Piazza Gae Aulenti
Porta Garibaldi FS
Porta Garibaldi
Piazza Luigi Einaudi
Vle. della Liberazione
Via Melchiorre Gioia
Via Vittor Pisani
Via Napo Torriani
Via Luigi Settembrini
Via Vitruvio
Via Benedetto Marcello
Corso Buenos Aires
V. Nicola Piccinni
Piazzale Bacone
Abruzzi
Via Benvenuto Garofalo
Piazza XXV Aprile
Bastioni di Porta Nuova
Piazza San Gioachino
Repubblica
Piazzale Principessa Clotilde
Via Galileo Galilei
Piazza della Repubblica
Viale Monte Santo
Piazza Cincinnato
Teatro Puccini
Lima
Piazza Lima
Via Donatello
Via Giovanni Battista Morgagni
Via Bartolomeo Eustachi
Moscova
Viale Tunisia
Largo P. Fratelli Bellintani
Via Plinio
Largo Celestino Usuelli
Via Pinturicchio
Via della Moscova
Via Filippo Turati
Viale Città di Fiume
Bastioni di Porta Venezia
Piazza S. Francesca Romana
Piazzale Lavater
Via Pancaldo
Piazza Sant'Angelo
Largo Treves
Via San Marco
Corso di Porta Nuova
Turati
Via Daniele Manin
Giardini Pubblici
Porta Venezia
Viale Regina Giovanna
V. Melzo
Piazza Adelaide di Savoia
V. Giovanni Pascoli
V. Filippo Juvara
Via Gian Battista Tiepolo
Pinacoteca di Brera
Via Fatebenefratelli
Museo del Risorgimento
Museo di Storia Naturale di Milano
Via Nino Bixio
Viale Giustiniano
Via Gaio
Giardino Botanico
Padiglione d'Arte Contemporanea (PAC)
Palestro
Via Cappuccini
Viale Luigi Majno
Viale Piave
Via Felice Bellotti
Via Gustavo Modena
Via Antonio Kramer
Via Carlo Pisacane
Via Castelmorrone
Via Giulio Uberti
Viale dei Mille
V. Giulio Ceradini
Ex Monte di Pietà
S. 78-111
Teatro Scala
Monte-Napoleone
Via Alessandro Manzoni
Museo Poldi-Pezzoli
Via Senato
Palazzo Serbelloni
Via Carlo Goldoni
Dateo
Corso Plebisciti
Piazza Paolo Ferrari
Corso Monforte
Piazza del Tricolore
Corso Concordia
Corso Indipendenza
Piazza Risorgimento
Cordusio
S. Babila
Banca Popolare
Via Uberto Visconti di Modrone
Via Pietro Mascagni
Via Macedonio Melloni
S. 144-175
Via Giuseppe Ploti de Bianchi
Duomo
Piazza del Duomo
Via Orefici
Conserv. di Musica G. Verdi
Palazzo Archinto
Viale Bianca Maria
Viale Premuda
Via Galvano Fiamma
Via Goffredo Mameli
Via Fratelli Bronzetti
Viale Piceno
Via Marcona
Piazza Fontana
Corso Europa
Largo Augusto
Palazzo Reale
Via Verziere
Pza. S. Stefano
Corso di Porta Vittoria
Via Francesco Sforza
Sinagoga Centrale
Piazza Cinque Giornate
Corso Ventidue Marzo
Largo Marinai d'Italia
Viale Umbria
Piazza Giuseppe Grandi
Piazza A. Diaz
V. Larga
Missori
V. A. Albricci
Pza. G. Missori
Palazzo di Giustizia
Via Fontana
Via Francesco Anzani
Via Cadore
Università Statale
Via San Barnaba
Via Francesco Daverio
Rotonda d. Besana
Viale Regina Margherita
Viale Monte Nero
Via Augusto Anfossi
Palazzo Annoni
Corso di Porta Romana
Pza. Erculea
Corso Italia
Pza. S. Nazaro
Via Manfredo Fanti
Via Spartaco
Fondazione Prada
Piazza Michele Capelli
Via Perugino
Piazzale Ferdinando Martini
Via Santa Sofia
Teatro Carcano
Crocetta
V. Curtatone
Via Emilio Caldara
V. Andrea Maffei
Via Bergamo
Via Cadore
V. Maestri Campionesi
V. Gaetano Strigelli
Piazza Andrea Ferrari
Corso di Porta Vigentina
Via Orti
Via Carlo Botta
Via Pier Lombardo
Via Lazio
Piazzale Lodi
Via Comelico
Via Friuli
Piazza Imperatore Tito
Via Laura Citeri Visconti
Via Bianca di Savoia
Via Carlo Crivelli
Porta Romana
Viale Cirene
Via Lattanzio
Piazza Insubria
Viale Beatrice d'Este
Largo Isabella D'Aragona
Viale Angelo Filippetti
Via Tiraboschi
V. Ludovico Muratori
Via Tito Livio
Università Bocconi
Via Ferdinando Bocconi
Bligny
Via Giuseppe Ripamonti
Via Carlo Vittadini
Viale Sabotino
Porta Romana
Via Crema
Corso Lodi
V. Lazzaro Papi
Piazza Bruno Buozzi
Via Piacenza
Via Tertulliano
Piazza Emilio Salgari

Das historische Zentrum

Vom *Quadrilatero d'oro*
bis zum Brera-Viertel –
auf den Spuren der Vergangenheit

Mailand ist eine kleine Metropole. Die Stadt und ihr Hinterland bilden das Finanzzentrum Italiens und die wichtigsten Unternehmen des Landes haben hier ihren Sitz. Aber zugleich – und das macht Mailand so spannend – ist es eine Kulturstadt mit bedeutenden historischen Zeugnissen. Und ein Ort, an dem auch die Kunst und die Architektur der Gegenwart innovativ und fantasievoll neueste Trends verarbeiten.

Das Herz der Stadt schlägt im *Centro Storico*, dem historischen Zentrum um den Dom. Gleich dahinter breitet sich das Modeviertel, das sogenannte *Quadrilatero d'oro* (das »goldene Rechteck«), aus. In der Via Montenapoleone, Via Sant'Andrea, Via Bigli und Via della Spiga gibt sich jährlich die Welt der Mode und des Designs ein Stelldichein. Doch hinter den Fassaden des Konsums verstecken sich auch geheimnisvolle Orte, wundervolle Innenhöfe und Gärten, kleine Klöster und alte Brunnen. Vor allem das Brera-Viertel zeigt die romantische Seite des alten Mailands. Sein Charme, der sich aus der Mischung verschiedenster Epochen ergibt, steht dem anderer Kulturmetropolen in nichts nach. Brera wirkt wie ein ruhiges Künstlerstädtchen, mit geschmackvollen Boutiquen und kleinen Restaurants. Fast ganz ohne Autos, was in Mailand selten ist. Weitere Wege führen ins Herz der Geschichte zu architektonischen Kleinoden wie der Basilika von Sant'Ambrogio oder der Kirche Santa Maria della Grazie mit dem berühmten *Abendmahl* von Leonardo da Vinci. In den engen Gassen südlich des Doms, von Gebäuden aus dem Mittelalter und der Renaissance umgeben, kann man Spuren der Vergangenheit folgen. Zwischen der Piazza Borromeo, der Via Cappuccio und der Via Lanzone breitet sich ein faszinierendes intellektuelles Viertel aus, in dem die ältesten Familien der Stadt wohnen.

Kultur
Shopping
Restaurant
Wellness
Ausgehen
Übernachten
N
0
200 m
Piazza Sempione
Corpus Domini
Porta Sempione
Arena
Via Legnano
Sugarwax
Parco Sempione
Old Fashion Club
Palazzo dell'Arte
Museo d'Arte Antica
Castello Sforzesco
Lanza
Cairoli
Stazione Cadorna F.N.M.
Stazione Cadorna FNM
Piazzale Luigi Cadorna
Cadorna FNM Triennale
Foro Buonaparte
Teatro dal Verme
Piazza della Conciliazione
Conciliazione
Piazza Virgilio
Piazza Giovine Italia
Studio Estetico 11
Cenacolo
S. Maria delle Grazie
Antica Locanda Leonardo
Zero
Colonial Café
Corso Magenta
Palazzo delle Stelline
Largo Paolo D'Ancona
Palazzo Litta
San Maurizio al Monastero Maggiore
Pellini
Boccondivino
Taverna Moriggi
Zona1
Ospedale S. Giuseppe
S. Vittore
Museo Nazionale della Scienza e della Tecnologia Leonardo da Vinci
S. Ambrogio
Sant'Ambrogio
Università Cattolica
Palazzo Stanga
Piazza Mentana
Carceri Giudiziarie
Piazza Filangieri
Pza. Venino
Circo Romano
Ariston
Regina
Suede
Gardenia Sas
Piazza Sant' Agostino
S. Agostino
Piazza della Resistenza Partigiana
Cucchi
Giardini Don Luigi Giussani
Solari
S. Maria A. Vittoria
Via Andrea Solari
Viale Papiniano
Corso Genova
Via Edmondo De Amicis
Corso di Porta Ticinese

Enhancements
Fioraio Bianchi Caffè
Kristina Ti
Botinero
Turati
Giardini Pubblici Indro Montanelli
Palazzo Dugnani
Jamaica Bar
Fiori Oscuri
Villa Reale (Galleria d'Arte Moderna)
Kusmi Tea
Torre di Pisa
Pinacoteca di Brera
Museo del Risorgimento
D-Magazine Outlet
Piazzale Morandi
Diego dalla Palma
Giardino Botanico
Di Viole di Liquirizia
Armani Nobu
Armani
Palazzo del Senato
Café Marc Jacobs
Cavalli e Nastri
Monte-Napoleone
Palazzo Morando
Borsalino
Toldo
Milano Scala
Museo Poldi Pezzoli
Dior
Museo di Milano
Palazzo Serbelloni
Hotel
Da Claudio
Star
Locanda dei Mercanti
Teatro alla Scala
Porselli
Casa di Manzoni
Galleria d'Italia
Ralph Lauren
Fendi
S. Babila
Piccolo Teatro
Le Banque
De la Ville
Boscolo Exedra SPA
Sant' Ambroeus
Mazzolari
Gucci
Luini
Bar Park Hyatt
Prada
La Rinascente
Palazzo Durini
Cordusio
Pal. dei Giureconsulti
Straf
Maio
Duomo
Cracco
Ladurée
Biblioteca Ambrosiana
Museo del Novecento
Palazzo Reale
Santa Monica Café
Trattoria Milanese
Humana Vintage
Santa Tecla Café
San Bernardino al'e Ossa
La Caveja
La Vecchia Latteria Vegetariana
Panino Giusto
Sito della Guastalla
Palazzo Trivulzio
Missori
Torre Velasca
Palazzo Annoni
Giardino d. Guastalla
Università Statale
Ospedale Maggiore di Milano
Corso di Porta Vittoria
Corso di Porta Romana

Kultur

Das Zentrum Mailands strotzt nur so vor kulturellen Sehenswürdigkeiten. An fast jeder Ecke wartet eine Kirche oder ein Museum – ganz zu schweigen von den vielen historischen Gebäuden und Palästen. Jeder einzelne Stein könnte hier eine Geschichte erzählen, die oft Jahrhunderte zurückreicht. Mailands bekannteste Sehenswürdigkeiten liegen in der Nähe des Doms. Man kann den heiligen Ambrosius in seiner Kirche besuchen, dann Leonardos *Abendmahl* bestaunen (wenn man sich vorher angemeldet hat), weiter zum Castello Sforzesco gehen und ins Brera-Viertel, um sich eine Kaffeepause zu gönnen, danach ein Liedchen vor der Scala singen und durch die Galleria Vittorio Emanuele gemütlich bis zum Dom schlendern, wo der Palazzo Reale und viele Museen warten.

* Castello Sforzesco

Die Herrscher und die schicken Herrscherinnen Mailands zogen sich im 14. und 15. Jahrhundert hierher zurück, wenn es ihnen in ihrem Herzogspalast am Dom zu brenzlig wurde. Heute sind im **Mailänder Schloss** viele verschiedene Museen untergebracht. Während der Modewoche finden hier Veranstaltungen und Modenschauen statt.

Piazza Castello • U-Bahn M1 Cairoli • +39 02/ 88 46 37 00 • www.milanocastello.it • Tgl. 7–19 Uhr im Sommer, tgl. 7–18 Uhr im Winter • Eintritt ins Museum 5 €

* Cenacolo

Das Cenacolo ist eines der bedeutendsten Kulturgüter weltweit und befindet sich im Refektorium des Klosters Santa Maria delle Grazie. ***Das Abendmahl*** von Leonardo da Vinci kann man nicht be-

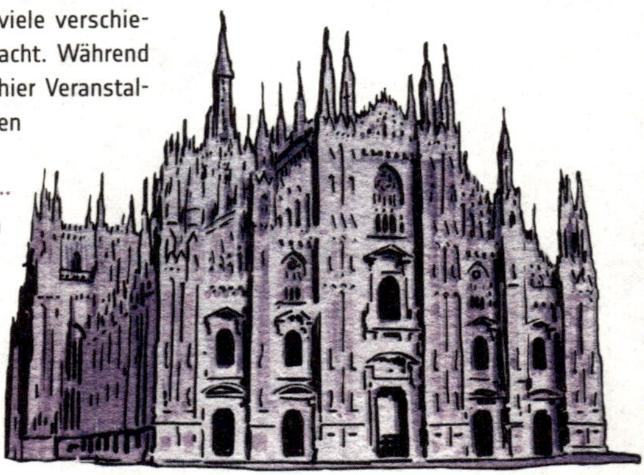

schreiben: Man muss es erleben! Es werden nur Gruppen von höchstens 25 Personen eingelassen. Voranmeldung unbedingt erforderlich.

Piazza Santa Maria delle Grazie 2 • U-Bahn M1 Conciliazione • +39 02/ 92 80 03 60 • www.vivaticket.it • Di–So 8.15–19 Uhr • 6,50 €

✳ Duomo

»El Dòm«, was kann man anderes sagen? **Mailands Wahrzeichen**. Dieser majestätische Bau zählt u. a. 3500 Statuen, ist 157 Meter lang und 32 Meter breit. Und ganz oben schwebt die prachtvollste und größte Dame Mailands: »La Madonnina«. Mit 4 Metern Körpergröße krönt die Madonnenstatue den Dom auf 108,5 Metern Höhe. Auf die Domplattform zu steigen ist ein absolutes Must!

Piazza Duomo • U-Bahn M1, M3 Duomo • +39 02/72 02 26 56 • www.duomomilano.it • Tgl. 7–19 Uhr • Mit dem Fahrstuhl 12 €, sonst 7 €

✳ Galleria d'Italia

Der Blick ist einfach traumhaft. Die große Halle, in der jetzt Bilder aus dem 20. Jahrhundert ausgestellt sind, gehörte früher einmal zu einer Bank. Die alten Schalter stehen teilweise noch. Und wenn man die Treppe runter in den Keller steigt, findet man einen beeindruckenden Tresorraum. Geld ist jetzt keines mehr drin, aber dafür **bedeutende Kunstwerke**.

Piazza della Scala 6 • U-Bahn M1, M3 Duomo • www.gallerieditalia.com • Di–So 9.30–19.30, Mo 9.30–22.30 Uhr

✳ Museo del Novecento

Das wundervolle Museum in dem Gebäude aus der Mussolini-Zeit zeigt u. a. **Kunstwerke des Futurismus und der Arte Povera**. Man spaziert durch die verschiedenen Räume und folgt der Geschichte des 20. Jahrhunderts. Den Besuch krönt ein toller Blick auf den Dom und dessen Piazza.

Das Museo Nazionale della Scienza e della Tecnologia: für kleine und große da Vincis, die die Welt der Technik und Wissenschaft entdecken wollen. →

Piazza del Duomo • U-Bahn M1, M3 Duomo • +39 02/72 09 56 59 • www.museodelnovecento.org • Mo 14.30–19, Di, Mi, Fr, So 9.30–19.30, Do, Sa 9.30–22.30 Uhr • 10 €

* Museo Nazionale della Scienza e della Tecnologia Leonardo da Vinci

»Das Museum ist lebendig, es gehört allen und steht jedem offen«, das ist der Wahlspruch des Museums für **Natur und Technik**. Und es stimmt. Hier kann man Modelle von Leonardo da Vinci betrachten, bis hin zu technischen Gegenständen der 1930er-Jahre. Viele Exponate aus den Bereichen Transportmittel, Informatik und Telekommunikation.

Via S. Vittore 21 • U-Bahn M2 Sant'Ambrogio • +39 02/48 55 51 • www.museoscienza.org • Di–Fr 10–18, Sa, So 10–19 Uhr • 10 €

* Museo Poldi Pezzoli

Der gute Gian Giacomo Poldi Pezzoli hat im Jahre 1881 dieses Museum in seinem herrschaftlichen Familienpalast einrichten lassen. Poldi Pezzoli war ein großer Sammler. Hier kann man in einem gleichsam privaten Ambiente noch die mechanischen Uhren von Bruno Falck ticken hören und **Bildersammlungen aus der Renaissance** betrachten. Hausfrauen können von dem ausgestellten Porzellan, den Teppichen und Juwelen nur träumen.

Via Manzoni 12 • U-Bahn M3 Montenapoleone • +39 02/78 08 72 • www.museopoldipezzoli.it • Mi–Mo 10–18 Uhr • 9 €

* Palazzo Morando

Während eines Spaziergangs im *Quadrilatero della moda* (»Viereck der Mode«) zwischen Chanel und Co., trifft man auf ein architektonisches Kunstwerk des 17. Jahrhunderts. Die Contessa Morando hat dieses Juwel der Stadt hinterlassen. Ein Herrenhaus voll mit **Gemälden und Antiquitäten**, feinen Kleidern und originalen Einrichtungsgegenständen.

Via Sant'Andrea 6 • U-Bahn M1 San Babila, M3 Montenapoleone • +39 02/88 44 81 35 • Di–So 9–13, 14–17.30 Uhr • 5 €

Don't miss

Den Torre Branca im Parco Sempione: Vom Turm hat man eine tolle Aussicht auf den Dom und die neuen Wolkenkratzer bis zu den Alpen. Nach oben fährt ein gläserner Fahrstuhl.

Palazzo Reale

Als der Herzogspalast direkt neben dem Dom baufällig wurde, entstand unter den Österreichern ab 1773 die heutige Anlage, die später auch von den italienischen Königen genutzt wurde – deshalb der Name »Palazzo Reale«. Nach den Zerstörungen im Zweiten Weltkrieg entstand hier ein großes **Kulturzentrum**, in dem internationale Kunstausstellungen stattfinden. Im Hof werden im Sommer abends Filme gezeigt. Ein hübsches Café versteckt sich links im Eingangsbereich.

Piazza Duomo 12 • U-Bahn M1, M3 Duomo • +39 02/87 56 72 • www.comune.milano.it/palazzoreale • Tgl. geöffnet • Kunstausstellungen 14 €

↑ *Beim Besuch der Brera-Pinakothek werden die Uhren um Jahrhunderte zurück gestellt.*

Pinacoteca di Brera (x)

Den Palazzo ließ die österreichische Kaiserin Maria Theresa 1776 bauen, die Kunstsammlung wurde von Napoleon 1809 eingerichtet. Hier sind Kunstwerke großer Meister (Piero della Francesca, Leonardo da Vinci oder Raffael) zu bewundern. Die Pinakothek gibt einen Überblick über die **italienische Kunst vom 15. bis zum 19. Jahrhundert**. Ein Höhepunkt ist der berühmte *Kuss* von Hayez. Nebenan befinden sich die Kunsthochschule und der Botanische Garten.

Via Brera 28 • U-Bahn M2 Lanza • +39 02/72 26 31 • www.brera.beniculturali.it • Di–So 8.30–19.15 Uhr • 9 €

San Maurizio al Monastero Maggiore

Künstler des 16. Jahrhunderts haben hier gemalt, was das Zeug hielt. Alle Wandflächen sind mit Geschichten aus der Bibel geschmückt. Zu einem echten **Kloster** gehört natürlich auch der Chor. Dieser liegt versteckt im hinteren Teil der Kirche. Interessant ist das kleine Türchen links, wo man früher uneheliche Kinder den Nonnen übergab.

Corso Magenta 15 • U-Bahn M1 Cairoli, Cadorna • +39 02/855 61 • Di–Sa 9.30–17.30 Uhr

✳ San Bernardino alle Ossa

Die **kleine Kirche** versteckt sich an der Piazza Santo Stefano. Sowohl von außen als auch von innen sieht sie auf den ersten Blick wie eine ganz normale Dorfkirche aus. Wenn man jedoch genau hinschaut, bemerkt man etwas Außergewöhnliches: In dem engen Innenraum sind die Wände vollständig mit Menschenknochen bedeckt. Ein wenig gruselig.

Via Verziere 2 • U-Bahn M1, M3 Duomo • Mo–Fr 9–12, 13–18, Sa 7.30–12.30, So 9–12 Uhr

✳ Sant'Ambrogio

Seit Urzeiten liegt die Kirche des Heiligen Ambrosius zusammen mit dem Dom den Mailändern am Herzen. Sie ist nicht nur das Wahrzeichen der Stadt, sondern auch das Ziel vieler Pilger und Besucher. Der Eingang mit den vier Säulen bereitet auf die andächtige Atmosphäre der **Kirche** vor. Besonders interessant ist die Schlange links über dem Altar. Angeblich soll sie vor Magenproblemen, vor allem vor Würmern, schützen.

Piazza Sant'Ambrogio 15 • U-Bahn M2 Sant'Ambrogio • +39 02/86 45 08 95 • www.basilicasantambrogio.it • Mo–Sa 10–12, 14.30–18, So 15–17 Uhr

✳ Teatro alla Scala

Maria Callas und Luciano Pavarotti haben hier ihre Stimmen erklingen lassen. Seit über 200 Jahren ist das **Mailänder Opernhaus** ein Wahrzeichen der Stadt. Karten gibt es schon ab 10 Euro. Außerdem kann man das Museum gleich nebenan besuchen. Gelegentlich (etwa wenn keine Proben stattfinden) ist es möglich, einen kurzen Blick in den festlichen Theatersaal zu werfen.

Piazza della Scala • U-Bahn M1, M3 Duomo • +39 02/887 91 (Oper), +39 02/88 79 74 73 (Museum) • www.teatroallascala.org • Museum: tgl. 9–12.30, 13.30–17.30 Uhr

✳ Università Statale

Der Gebäudekomplex, in dem heute die staatliche Universität untergebracht ist, wurde in der zweiten Hälfte des 15. Jahrhunderts unter dem Herzog Francesco Sforza als Krankenhaus erbaut. Heute ist es ein geeigneter Ort, um in den **schönen Innenhöfen** eine kleine Pause einzulegen. In der Luft hängt Renaissance-Atmosphäre.

Via Festa del Perdono 7 • U-Bahn M1 Duomo, M3 Missori • +39 02/50 31 11 • www.unimi.it

Applaus! Applaus! Beifall füllt den festlichen Saal der »Scala« wie kurz zuvor die Stimmen der besten Opernsänger der Welt.

Shopping

Ob das Zentrum Mailands ein Shoppingparadies ist, hängt leider vom Geldbeutel ab. Eines kann man sagen: Hier gibt es sicherlich die beeindruckendsten Schaufenster der Modewelt. Kein Wunder, dass die kleinen Gassen um die Via Montenapoleone *il Quadrilatero d'oro*, das »goldene Rechteck«, heißen. In diesem zeigt sich Italiens Crème de la Crème der Modehäuser: Gucci, Prada, Fendi und Armani, um nur einige zu nennen. Ab und zu findet man in den Seitenstraßen Breras alternative Läden, die dem Budget etwas mehr entsprechen, ohne aber an Stil und Eleganz zu verlieren. Zum Glück gibt es auch den Corso Vittorio Emanuele und die Via Torino, die klassischen Shoppingstraßen, wo H&M, Zara und die großen und kleinen Handelsketten ihren Sitz haben.

Armani

Weltberühmt ist er für seinen lässigen Stil. Wer kennt ihn nicht, den **König der Mailänder Mode**. Giorgio Armani regiert in der Via Manzoni. Direkt neben der U-Bahnstation Montenapoleone, dort, wo das schickste Mailänder Einkaufsviertel anfängt. Bei Giorgio findet man aber mehr als nur Klamotten. Zu seiner Welt gehören auch ein Armani-Hotel, Armani-Blumengestecke, ein Armani-Restaurant und Armani-Wellness.

Via Alessandro Manzoni 31 • U-Bahn M3 Montenapoleone • +39 02/72 31 86 00 • www.armani.com • Mo–Mi 10–19.30, Do, Fr 10–21, Sa, So 10–19.30 Uhr

Borsalino

Schon während des Ersten Weltkriegs trugen die Damen seine **Hüte**. 1857 gründete Giuseppe Borsalino seine Fabrik. Um die Qualität der Kopfbedeckungen hoch zu halten, benutzt das Unternehmen nur Filz aus Kaninchenfell zur Herstellung der Polsterung der Herrenhüte. Wer einen Borsalino hat, weiß, was er trägt.

Via Sant'Andrea 5 • U-Bahn M1 San Babila • +39 02/76 01 70 72 • Mo–Sa 10–19 Uhr

Cavalli e Nastri

Claudia Jesi ist eine echte Vintage-Pionierin. Sie gründete ihren ersten Laden 1970 am Corso Ticinese. Heute besitzt die Modeexpertin drei verschiedene Läden in Mailand – Atmosphäre im Retro-Look. Zur Auswahl gehören **Kenzo-Kleider** (130 Euro) oder Fendi-Taschen (90 Euro). Im Angebot sind auch Chanel-Schmuck, Hermès-Tücher und verschiedene Kopfbedeckungen. Die Modelle gehen zurück bis in die 1930er-Jahre.

Via Brera 2 · U-Bahn M2 Lanza, M1 Cairoli · +39 02/72 00 04 49 · www.cavallienastri.com · Mo 15.30–19.30, Di–Sa 10.30–19.30 Uhr

✳ D-Magazine Outlet

So klein, dass man es fast übersieht. Wenn man reinkommt, hat man den Eindruck, einen riesigen Kleiderschrank zu betreten. Traumhaft. Klamotten der **angesagtesten Marken** gibt es hier. Das tolle daran? Es handelt sich um ein Outlet. Und das ist einen Besuch wert.

Via Manzoni 44 · U-Bahn M3 Montenapoleone · +39 02/36 51 43 65 · www.dmagazine.it · Tgl. 10–19.30 Uhr

✳ Dior

Kann man das einen »Laden« nennen? Solche Marken gibt es nur in Edelboutiquen. Nicht für alle Geldbeutel geeignet. Trotzdem kann man einen Blick hinein werfen. Das ist **Haute Couture** in Reinform!

Via Montenapoleone 13 · U-Bahn M3 Montenapoleone · +39 02/76 31 78 09 · www.dior.com · Tgl. 10.30–19 Uhr

✳ Fendi

1925 fing es an, als Edoardo Fendi und Alice Casagrande ihren kleinen Lederladen in Rom eröffneten. Schon in den 1930er- und 1940er-Jahren erlangte Fendi internationalen Ruhm. Eine Zusammenarbeit mit Karl Lagerfeld öffnete neue Horizonte. Heute gehören Fendi-Produkte zu den Spitzenmarken. Die **Ledertaschen** sind immer noch vom Feinsten.

Via Montenapoleone 3 · U-Bahn M3 Montenapoleone · +39 02/76 02 15 17 · www.fendi.com · Mo–Sa 10–19.30, So 11–19 Uhr

✳ Gucci

Wenn eine Frau, die etwas auf sich hält, mit einem Hund in einer Tasche rumläuft, ist diese nicht selten von Gucci. Die Marke ist sehr tierfreundlich, und Hundehalsband oder eben Hundetasche gehören zum Repertoire. Weniger freundlich sind die Preise: Für eine **Gucci-Tasche** muss man mal eben mit um die 1000 bis 3000 Euro rechnen.

Galleria Vittorio Emanuele II. · Piazza Duomo · U-Bahn M1, M3 Duomo · +39 02/859 79 91 · www.gucci.com · So–Fr 10–19, Sa 10–19.30 Uhr

✳ Humana Vintage

Hier gibt es **Vintage-Glamour**. Mode aus den 1960er-, 1970er- und 1980er-Jahren ist in diesem Shop angesagt, ob man auf eine Revival-Party eingeladen wird oder einfach etwas Besonderes sucht. Der Laden unterstützt die Organisation »Humana People to People«, die Hilfsprojekte in der Dritten Welt finanziert.

Via Cappellari 3 • U-Bahn M1, M3 Duomo • +39 02/72 08 06 06 • www.humanavintage.it • Mo 14.30–19.30, Di–Sa 10.30–19.30, So 14–19 Uhr

✳ Kristina Ti

Dieses Label ist Kult für stylische junge Mailänderinnen (und nicht nur für die). Es gibt nur vier Läden in ganz Italien (Mailand, Turin, Porto Cervo und Forte dei Marmi). Die beliebten **Kleider und Bikinis** sind zart und weiblich geschnitten. Sie schenken jeder Frau einen eleganten Look, obwohl sie eigentlich für Superdünne gedacht sind.

Via Solferino 18 • U-Bahn M3 Turati • +39 02/65 33 79 • www.kristinati.it • Mo 15–19, Di–Sa 10–19 Uhr

✳ Kusmi Tea

Das *maison* des französischen Tees, in Russland 1867 gegründet, hat im Herzen von Mailand einen Laden eröffnet. Der rote Fußboden lässt die vielen verschiedenen bunten Blechbüchsen hervorstechen. Jede pop-barockfarbene Dose enthält eine von **80 verschiedenen Teesorten**. Was für eine Auswahl! Für echte Teeliebhaberinnen.

Via Fiori Chiari 24 • U-Bahn M1 Cairoli, M2 Lanza • +39 02/89 09 39 56 • www.kusmitea.com • Mo–Mi 10–19.30, Do–Sa 10–22, So 13–19 Uhr

✳ La Rinascente

Das absolute **Shoppingparadies**. Das wichtigste Kaufhaus Mailands. Hier findet man alles, was das Konsumentenherz begehrt. Zwischen Klamotten von feinsten Brands gibt es auch einen richtigen Luxussupermarkt mit Made-in-Italy-Produkten. Und wer müde ist vom Shoppen, kann sich in den verschiedenen Restaurants oder Cafés ausruhen.

Geht gar nicht

Lächelnde afrikanische Händler verschenken am Dom Armbänder. Lieber nicht annehmen, sonst wird man den ganzen Corso Vittorio Emanuele lang wegen einer kleinen Spende verfolgt.

! Durch alte Gassen vorbei an Palästen und Museen

Man kann die Begeisterung für Mode auch auf die Spitze treiben, wie es der Pop-Künstler Claes Oldenburg mit seiner überdimensionalen Faden-und-Nadel-Skulptur gemacht hat, die auf der Piazza Cadorna vor dem Nordbahnhof im Boden steckt. Von hier geht man über die Via Carducci an der Post vorbei und biegt links in den Corso Magenta mit seinen eleganten Geschäften ein. Beim deutschen Optiker Achim (»Ottica Magenta«) kann man schicke Sonnenbrillen kaufen.

Links folgen der barocke Palazzo Litta (sehenswerter Innenhof und ein kleines Theater) und rechts dann das archäologische Museum (tolles Stadtmodell des antiken Mediolanum). Direkt neben dem Museum liegt die wunderschöne Kirche San Maurizio (S. 19) mit ihren bunten Fresken aus der Spätrenaissance. Hinter San Maurizio biegt man ab (Via Luini) in die stimmungsvollen Gassen der mittelalterlichen Stadt und kommt im Zickzackkurs (Via Ansperto, Via Gorani, Via Borromei) zur Piazza Borromeo, wo die gleichnamige alte Adelsfamilie, aus der Heilige und Prinzen stammen, eine Kirche und einen (leider im Krieg teilweise zerstörten) Palazzo besitzt.

Über die Via Bollo erreicht man die Piazza San Sepolcro – unter dem Pflaster lag einst das römische Forum – und kommt schließlich zur Via Torino, einer populären Shoppingstraße mit einem kulturellem Highlight: der Kirche Santa Maria Presso San Satiro. Hier hat Bramante genial mit perspektivischen Tricks eine tiefe Apsis vorgetäuscht. An der Kirche vorbei folgt man der Via Spadari mit interessanten Läden über die Via Mazzini und erreicht dann schließlich die Piazza Diaz und die Piazza Duomo mit ihren Museen (wie dem Museo del Novecento, S. 17), die Galleria Vittorio Emanuele und natürlich den Dom (S. 17), dem man unbedingt aufs Dach steigen sollte.

Piazza Duomo • U-Bahn M1, M3 Duomo • +39 02/885 21 • www.rinascente.it • Mo–Do 9.30–21, Fr, Sa 9.30–22, So 10–21 Uhr

✳ Pellini

Der Blick fällt sofort auf den Boden. Er schimmert wie oxidiertes Kupfer, dabei handelt es sich um pigmentiertes Harz. Die **Accessoires** sind alle aus Stein und Harz hergestellt und stehen mit der Einrichtung wundervoll im Einklang: das rote Regal, die bunten Blumen an der Wand und Schmuckstücke, die in vielen verschiedenen Farben funkeln.

↓ Das Schaufenster verrät den einzigartigen Stil dieser Boutique: einfach reingehen – und sich in die bunten Kleider verlieben.

Corso Magenta 11 • U-Bahn M1, M2 Cadorna • +39 02/72 01 05 69 • www.pellini.it • Mo 15–19.30, Di–Sa 10–19.30 Uhr

✳ Porselli

Nur für Primaballerinas. Auf der ganzen Welt berühmt, kaufen hier die besten Tänzerinnen ihre Schuhe. 1919 gründete Eugenio Porselli diesen Laden, der jetzt ein Synonym für **Ballettschuhe** ist. Zwischen den rosa Spitzen findet man auch fantastische Ballettröckchen.

Piazza Paolo Ferrari 6 • U-Bahn M1, M3 Duomo +39 02/805 37 59 • www.porselli.it • Mo 15–19.30, Di–Sa 9–12.30, 15–19.30 Uhr

✳ Prada

Trägt der Teufel Prada? Kommt auf seinen Geldbeutel an. Sicherlich ist Prada ein Emblem des Mailänder Großbürgertums. Eine der weltberühmtesten Boutiquen befindet sich in der Galleria Vittorio Emanuele II. **Taschen und Schuhe** von Prada zu besitzen, ist ein absolutes Muss, wenn man in die feine Gesellschaft aufgenommen werden möchte.

Galleria Vittorio Emanuele II. • Piazza Duomo • U-Bahn M1, M3 Duomo • +39 02/87 69 79 • www.prada.com • Tgl. 10–19.30 Uhr

* Ralph Lauren

Es handelt sich nicht einfach um eine Boutique, in der man exzellente und **raffiniert-geschmackvolle Klamotten** kaufen kann. Dieser Store im Montenapoleone-Viertel hat auch für betuchte Hausfrauen etwas übrig. Ralph Laurens Wohnungseinrichtungen sind ideal für diejenigen, die wirklich mit »Klasse« leben wollen.

Via Montenapoleone 4 • U-Bahn M3 Montenapoleone • +39 02/778 87 21 • www.ralphlauren.it • Mo–Sa 10.30–19.30, So 14–19 Uhr

* Suede

Sehr auffällig ist der Laden nicht. Aber ein Blick ins Schaufenster – und schon möchte man reingehen. Die Atmosphäre hier ist irgendwie zauberhaft. Alles ist klein und die Ware ist ordentlich ausgestellt. Auf den Tischen liegt **Schmuck und die Schuhe** am Boden sind einfach traumhaft. Ein zarter, nicht auffälliger, aber sehr eleganter Stil prägt alles.

Via Cesare Correnti 21 • U-Bahn M2 Sant'Ambrogio • +39 02/58 11 83 08 • www.suede.it • Mo 15.30–19.30, Di, Do–Sa 10–19.30 Uhr

* Wait and See

Uberta Zambeletti, Art Director und Mode-Stylistin, hat dieses kleine Wunder vollbracht. Sie verwirklicht den Traum vieler Frauen, etwas ganz Besonderes zu besitzen. Von Peru bis Finnland hat Uberta **Kleider und Accessoires** gesammelt, um sie in Mailand anzubieten. »Wait and See«, also sich geduldig jedes Stück ansehen – und manchmal findet man auch etwas für 50 Cent.

Via Santa Marta 14 • U-Bahn M1 Cordusio • +39 02/720 80 195 • www.waitandsee.it • Mo 15.30–19.30, Di–Sa 10.30–19.30 Uhr

Restaurants & Cafés

Vom Shoppen bekommt man lahme Füße und muss ab und zu Energie tanken. Nur wo, wenn man gerade auf der Piazza del Duomo steht? Wenn man die Fast-Food-Ketten und die touristischen Bars und Restaurant ausschließt, bleibt auf den ersten Blick nicht viel übrig. Aber ein *panzerotto* von »Luini« oder ein *panino* kann man bei schönem Wetter auch auf den Domtreppen genießen. Für die ganz Feinen bietet das edle Kaufhaus »La Rinascente« ein paar gute Restaurants. Sonst lieber noch ein paar Schritte Richtung Brera oder Via Torino gehen. Dort findet man kleine, niedliche Bars, ideal für eine Kaffeepause oder ein Mittag- und Abendessen. Und für Öko-Mädels sind auch ein oder zwei Blumencafés dabei.

* Caffè Letterario

Vor dem Theater ins Cafè gehen auf einen Aperitif, das gehört sich so für Mailänder Intellektuelle. Zum Glück ist dieses **Bistro** für jedermann den ganzen Tag geöffnet. Stilvoll sitzt man hier mit Blick auf den alten Innenhof des Piccolo-Theaters – und bei gutem Wetter auch draußen. Nebenan ist der Buchladen des Theaters auch einen Besuch wert.

Via Rovello 2 • U-Bahn M1 Cordusio • Mo–Sa 12–22, So 11–15, Happy Hour Mo–Sa 18–21 Uhr

* Cracco

Carlo Cracco ist einfach »in«. Sein Restaurant zählt mit **zwei Michelin-Sternen** zu den 50 besten der Welt. Die Atmosphäre ist international und einfach schick. Man hört wenig Italienisch. Was aber die Küche angeht, so ist sie hundert Prozent *italiano*. Es gibt auch einen Ehrentisch, von dem aus man den Köchen bei ihrem kreativen Schaffen zusehen kann.

Via Victor Hugo 4 • U-Bahn M1, M3 Duomo • +39 02/87 67 74 • www.ristorantecracco.it • Di–Fr 12.30–14.30, Mo–Sa 19.30–23 Uhr

* Cucchi

An der Ecke Corso Genova/Piazza Resistenza Partigiana liegt das Cafè Cucchi. Die Konditorei wurde 1936 als Konzertbar eröffnet. Heute ist die **Zuckerbäckerei** ein stadtbekanntes historisches Lokal, in dem sich ein buntes Volk von Künstlern, Managern, Handwerkern, aber auch Großeltern mit Enkelkindern ein Stelldichein gibt, um die exzellenten Süßwaren zu kosten.

Corso Genova 1 • U-Bahn M2 Sant' Ambrogio, Sant'Agostino • +39 02/ 89 40 97 93 • www.pasticceriacucchi.it • Di–So 7–22 Uhr

✳ Di Viole di Liquirizia

Schon von außen wirkt dieser kleine Laden zauberhaft. Kein Wunder: Der Geruch von Cupcakes liegt in der Luft. Lucia hat einen alten Traum verwirklicht und ist nun mit ihrer Mutter Chefin dieser **Konditorei**. Im Sommer kann man wunderbar draußen sitzen und die Süßwaren in aller Ruhe genießen.

Via Madonnina 10 • U-Bahn M2 Lanza • +39 02/89 09 22 01 • Mo 12.45–20, Di–So 9–20 Uhr

✳ Fioraio Bianchi Caffè

Das ist der neueste Mailänder Trend: **Blumen und Kaffee**. Zum Beispiel in der Via Montebello 7. Hier hat sich ein altes Blumengeschäft in ein romantisches Bar-Restaurant verwandelt. Man genießt ein irgendwie französisches Ambiente mit einem Cappuccino umgeben von Blumen.

Via Montebello 7 • U-Bahn M2 Moscova • +39 02/29 01 43 90 • www.fioraiobianchicaffe.it • Mo–Sa 8–0 Uhr

✳ Gardenia Sas

Hinter der lebhaften Via Torino versteckt sich in einer Seitenstraße ein kleines Paradies. Wer hierher kommt, möchte eigentlich eher Pflanzen kaufen. Doch das Blumengeschäft, das von Antonella und ihrer Tochter Fara geleitet wird, bietet ebenso **köstlichen Kuchen** an. Kaffee und Tee gibt's natürlich dazu.

Er sieht gut aus und kocht fabelhaft: Carlo Cracco selbst bekommt man nicht zu sehen – dafür aber seine Gerichte. Lecker! →

Via Gian Giacomo Mora 20 • U-Bahn M2 Sant'Ambrogio • +39 02/58 11 52 41 • www.gardeniasas.it • Di–Sa 10–13.30, 15.30–19 Uhr

✳ La Caveja

Die ***piadina***, ein typisches Fladenbrot aus der Romagna, gehört zu den kulinarischen Besonderheiten Italiens. Gleich hinter dem Palazzo Reale hat dieses darauf spezialisierte Lokal großen Zulauf. Der Fantasie sind keine Grenzen gesetzt, den Belag kann man selbst auswählen. Ob Schinken, Käse oder Gemüse – ideal für die Mittagspause.

Via Baracchini 1 • U-Bahn M1, M3 Duomo • +39 02/248 97 57 39 • www.lacaveja.it • Mo–Sa 11.30–22, So 18–22 Uhr

✳ La Vecchia Latteria Vegetariana

In dem alten Milchladen mit Ausschank geht es eng und manchmal auch hektisch zu. Das **traditionelle und winzige Lokal** – nur zwei Schritte vom Dom entfernt – ist jedoch bei Mailändern richtig beliebt. Die Gerichte, besonders die Gemüseteller, sind einfach, aber auch einfach köstlich. Wenig Schnickschnack und viel Substanz.

Via Unione 6 • U-Bahn M1, M3 Duomo • +39 02/874 41 • Mo, Mi, Fr, Sa 9–17, Di, Do 9–17, 19–22 Uhr

↓ *Wie in einem verzauberten Garten fühlen sich die Gäste dank der romantischen Atmosphäre des »Fioraio Bianchi Caffè«.*

✳ Ladurée

Macarons und Mädels passen einfach zusammen. Die knopfförmige französische Leckerei mit der Cremefüllung gilt zurzeit unter Mailänderinnen als absolut schick. Es gibt unglaublich viele Farben und Sorten: mit Vanille, Kaffee,

Minze oder Schokolade, in braun, grün, beige und rosa. In dieser kleinen und romantischen *pasticceria* bekommt man sie serviert. Zum Mitbringen oder Verschenken stehen superelegante Verpackungen bereit.

Via Spadari 6 · U-Bahn M1 Duomo · +39 02/87 61 49 · www.laduree.com · Mo 14.30–19.30, Di–Sa 10–19.30 Uhr

✳ Luini

Es sieht aus wie eine ganz normale **Bäckerei**, und das ist es im Grunde auch. Aber die lange Schlange vor dem Laden bildet sich nicht umsonst. Die *panzerotti* von Luini sind stadtbekannt. Aus gutem Grund: Die mit Mozzarella und Tomaten gefüllten Teigtaschen sind einfach köstlich. Da lohnt es sich, auch mal ein paar Minuten länger zu warten.

Via Santa Radegonda 16 · U-Bahn M1 Duomo · +39 02/86 46 19 17 · www.luini.it · Mo 10–15, Di–Sa 10–20 Uhr

✳ Maio

Vom 7. Stock des eleganten Kaufhauses »La Rinascente« blickt man auf den Dom und das Zentrum. Auf der Dachterrasse des Restaurants Maio werden Kunden mit **mediterranen Gerichten** erfreut. Lecker sind zum Beispiel die *risotti* mit Parmesankäse oder mit Kürbis. Abends schlürft man Austern.

↑ *Auf der »Maio«-Terasse« kann man die Tauben auf dem Dom betrachten und dabei etwas trinken. Herrlich!*

Via Santa Radegonda 3 · U-Bahn M1, M3 Duomo · +39 02/885 24 55 · www.rinascente.it · Tgl. 19–23 Uhr

✳ Panino Giusto

Sich hinzusetzen, um ein **belegtes Brötchen** zu essen, das klingt ein bisschen eigenartig. Aber hier ist das eines der angesagten Mittagsgerichte, gerade, wenn man es eilig hat. Trotz der Konkurrenz hat sich das Panino Giusto (das »richtige Brötchen«) an vielen Ecken durchgesetzt (und sogar Läden in London und Hongkong eröffnet). Die Atmosphäre ist sympathisch und es schmeckt gut.

Piazza Diaz 5 · U-Bahn M1, M3 Duomo · +39 02/026 63 25 29 · www.paninogiusto.it · Tgl. 11.20–1 Uhr

✳ Sant'Ambroeus

Ach, die gute alte Zeit! Seit 1936 wird diese edle Konditorei mit Leidenschaft und Stil geführt. Bei Sant'Ambreus gibt es **typische Mailänder Süßwaren**. Kuchen, Kekse und natürlich den *panettone*, den berühmten Weihnachtskuchen. Die elegante Einrichtung, der Saal mit den großen Kronleuchtern, in dem man einen der besten *caffès* Mailands trinken kann, erinnern an Wien und die Belle Èpoque.

Corso Matteotti 7 · U-Bahn M1 San Babila · +39 02/76 00 05 40 · www.santambroeusmilano.it · Mo–Sa 7.45–20.30 Uhr

✳ Taverna Moriggi

Dieses Restaurant ist besonders für seine ausgefallene Einrichtung bekannt. Die Jahrhunderte vermischen sich stilvoll und erzeugen eine romantische und ein bisschen dekadente Atmosphäre. Hier trinkt man Wein von bester Qualität und genießt **typische Mailänder Gerichte**.

↑ *Das Essen bei »Zero« schmeckt nicht nur gut, es sieht auch umwerfend aus. Die Farben des Sushi passen perfekt zusammen.*

Via Morigi 8 · U-Bahn M1 Cairoli, Cadorna, Cordusio, M2 Sant'Ambrogio · +39 02/80 58 20 07 · Mo–Sa 12–15, 18.30–0.30 Uhr

Geht gar nicht

Sich in die Cafés und Restaurants am Corso Vittorio Emanuele setzen. Viel Geld fürs Shoppen wird dann nicht mehr übrig bleiben und die Qualität lässt sehr zu wünschen übrig.

✳ Toldo

Eine renommierte ***gelateria*** in dem exklusivsten Stadtteil Mailands. Schon seit über fünfzig Jahren wir hier Eis in bester Qualität verkauft – auch für Zöliakiker. Der Espresso gilt als einer der besten der Stadt und wird oft mit einem kleinen Löffel Speiseeis als Zugabe serviert. Im Sommer ideal zur Erfrischung, im Winter kann man sich mit einer heißen Schokolade wärmen.

Via Ponte Vetero 9a • U-Bahn M1 Cairoli • +39 02/86 46 08 63 • Di–So 9–17.30 Uhr

✳ Torre di Pisa

Ein historisches Restaurant im Brera-Viertel, dem kleinen Montparnasse der lombardischen Metropole. Die Familie Meacci hat hier 1959 **ein kleines Stück Toskana** für Mailänder geschaffen. Die Atmosphäre ist gepflegt und freundlich. Weniger freundlich sind die Preise, aber es lohnt sich, eine klassische *bistecca alla fiorentina* zu genießen.

Via Fiori Chiari 21 • U-Bahn M2 Lanza, M1 Cairoli • +39 02/87 48 77 • www.trattoriatorredipisa.it • Tgl. 12.30–14.30, 19.30–0 Uhr, Sa nur abends

✳ Trattoria Milanese

Unverfälschte Mailänder Küche. In einer der ältesten Gassen der Stadt, zwei Schritte vom Dom entfernt, wartet ein warmer und einladender Saal nicht nur auf Stammkundschaft. Hier isst man ausschließlich typische Gerichte der lombardischen Hauptstadt, wie *risotto alla milanese con ossobuco* und *panettone*.

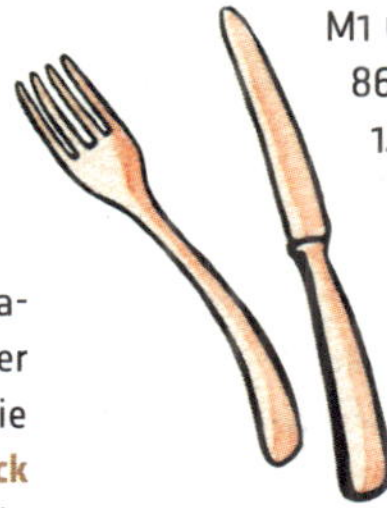

Via Santa Marta 11 • U-Bahn M1 Cordusio • +39 02/86 45 19 91 • Mo–Sa 12–14.45, 19–22.45 Uhr

✳ Zero

Hier atmet man New-York-Style und die Kellner sind effizient wie sonst nirgends. Aber die **Kreativität der Küche** verrät sofort den Mailänder Touch. Das Restaurant verzaubert seine Gäste mit nach klassischem weißen Alba-Trüffel duftenden Gerichten und herrlichen Fischspeisen.

Corso Magenta 87 • U-Bahn M1 Conciliazione • +39 02/45 47 47 33 • www.zeromagenta.it • Tgl. 18.30–20.30 Uhr Early Dinner, 20.30–23 Uhr Abendessen, 23–1 Uhr Late Dinner, 18.30–23 Uhr Take Away

»Torre di Pisa«: kein schiefer Turm, dafür bunte Bilder an den Wänden, die zusammen mit den großen Lampen Wärme in den Raum bringen. →

Wellness

Das Wellnessangebot in Mailand ist nicht gerade das beste. Vielleicht, weil die typischen Mailänderinnen am Wochenende die Stadt verlassen, um sich in ihren Ferienhäusern in Sankt Moritz, Courmayeur oder Ligurien zu erholen. Was man findet, sind luxuriöse Hotel-Spas für die Oberschicht. Wenn es aber um Schönheitsstudios geht, in denen sich Frauen Hände, Füße und Haare behandeln lassen können, sieht es schon besser aus. In Mailand legen auch weniger betuchte Mädels Wert auf ein gepflegtes Aussehen. So wimmelt es nur so von Waxing-Studios, Nail-Salons und Friseuren. Es geht nicht um einmalige Erlebnisse, sondern um Beautyroutine.

* Boscolo Exedra Spa

Tolles **Beautyprogramm in einem luxuriösen Hotel**. Das einzige Spa, das bis Mitternacht geöffnet hat. Wer im Hotel übernachtet, kann gleich eine »Wellness Package Night« buchen. Die Gesichts- und Körpermassagen hier lassen die Energie wieder fließen. Ideal, um Kraft für einen neuen Shoppingtag zu tanken.

Corso Matteotti 4/6 • U-Bahn M1 San Babila • +39 02/77 67 96 50 • milano boscolohotels.com/spa-e-benessere

* Diego dalla Palma

Wer kennt ihn nicht? Den Showroom von Diego dalla Palma durchzieht eine intime und entspannte Atmosphäre. Das Angebot reicht vom Verkauf einfacher Produkte bis zu richtigen **Make-up-Sessions**. Ob alleine oder mit einer Freundin, hier lernt man immer top auszusehen, um sich dem Mailänder Leben so gut wie möglich anzupassen.

Don't miss

Den botanischen Garten hinter der Pinakothek in Brera. Verschiedene Arten von Salbei, Minze, Lavendel und Rosmarin. Narzissen und Gingkobäume gibt es auch. Toll, um mal kurz durchzuatmen.

Champagner gefällig? In der Champagnerie des »Boscolo Spa« stehen genügend Flaschen bereit. Und im Spa selbst geht es ebenso futuristisch zu.

Via Madonnina 15 • U-Bahn M2 Lanza • +39 02/87 68 18 • www.diegodalla palma.com • Mo 15.30–19.30, Di–Sa 10–13, 14.30–19.30 Uhr

↓ *»Mazzolaris« Schaufenster glitzern nicht nur an Festtagen. Die goldene Schrift und die Beleuchtung lassen die Augen der Fußgängerinnen zu jeder Jahreszeit leuchten.*

✳ Enhancements

Eine Oase des Wohlbefindens für Frauen und Männer. Dieses **Nail-Spa** passt sich dem amerikanischen Stil an, aber mit italienischer Atmosphäre zwischen Massagen, Musik und duftenden Kerzen. »On the Go«-Pediküre – und auf zum Schuhe-Shoppen!

Via Solferino 46 • U-Bahn M2 Lanza • +39 02/62 69 45 37 • www.enhance ment.it • Mo–Sa 10–19 Uhr

✳ Mazzolari

Ein glitzerndes Schaufenster zieht jedes Mädel an. Ein bisschen wie Audrey Hepburn vor »Tiffany & Co.«. Hier findet man die besten Accessoires und Produkte, um immer top auszusehen. Ob **Parfums, Cremes oder Shampoos**, es fehlt an nichts. Ein kleines Spa gibt es auch noch dazu.

Corso Monforte 2 • U-Bahn M1 San Babila • +39 02/78 35 40 • www.mazzolari.info • Mo–Sa 8.30–19.30 Uhr

✳ Studio Estetico 11

Immer diese Eile. Typisch Mailand. Im Studio 11 aber ist relaxen angesagt. André Malbert ist ein französischer Schönheitsguru. Er hat 47 Länder bereist und die schönsten Gesichter der Welt massiert und geschminkt, einstmals sogar Marlene Dietrich! Jetzt bietet sein Studio in Mailand verschiedene **Behandlungen für Gesicht und Körper** an.

Via Fratelli Ruffini 11 • U-Bahn M1 Conciliazione • +39 02/48 51 36 21 • www.studioestetico11.it

✳ Sugarwax

Das Geheimnis einer perfekten Mailänderin? Sie ist auch unter den Kleidern immer gepflegt. Sugarwax liegt am Rande des romantischen Brera-Viertels und verwöhnt seine Kundinnen mit dem süßen **Ipanema-Wachs**: eine alte brasilianische Depilationstechnik. Walk-in-Service: einfach reingehen, auch ohne Reservierung. Aber aufgepasst: in den Sommermonaten doch lieber vorher kurz anrufen.

Via Legnano 6 • U-Bahn M2 Lanza • +39 02/89 28 30 81 • www.sugarwax.com • Mo 13.30–19.30, Di, Mi 10–19.30, Do, Fr 10–20, Sa 10–18.30 Uhr

↑ *Einfach und doch mit Stil präsentiert »Sugarwax« sein Logo: süß und sanft wie Zucker, warm und geschmeidig wie Wachs.*

Geht gar nicht

Sich im Brera-Viertel die Karten lesen lassen. Die alten Damen interessiert nur, wie viel Geld im Portemonnaie steckt.

Ausgehen

Mailands Ausgehszene, so leider der Eindruck, ist in ästhetisch-soziale Kasten eingeteilt. Jedes Lokal hat seine Stammkunden, die sich selten für andere Locations interessieren. Das gilt vor allem für Jugendliche. Auch die Geographie spielt eine Rolle. So ist das Zentrum Mailands der Bezirk des reichen, verwöhnten Jungvolks. Elegant und stilvoll muss eine coole Bar sein. Im Brera-Viertel, wo einst Künstler zu Hause waren, zeigt sich das besonders. Zum Glück sorgt der internationale »Old Fashion Club« am Rande des Parco Sempione für Abwechslung.

* Armani Nobu

Typisch, das Hauptquartier derjenigen, die sich in Mailand »in« fühlen, ist eine **Sushibar der edelsten Sorte**. Der Name Armani garantiert die Qualität. Und bestimmt natürlich auch den Preis. Dieses »very fashion«-Restaurant verteilt sich auf zwei Ebenen. Im ersten Stock gibt es das Menü des Chefs, im Erdgeschoss Aperitif und Lunch.

Via Pisoni 1 • U-Bahn M3 Montenapoleone • +39 02/62 31 26 45 • www.armaninobu.it • Di–Sa 12–15, 18.30–1, Mo, So 18.30–1 Uhr

* Bar im Park Hyatt Milano

Luxus, Luxus, Luxus. Die raffinierte Architektur spricht vielleicht nicht jedermann an. Aber wann kann man schon mal einen Aperitif oder gar ein Abendessen unter einer neun Meter hohen Glaskuppel genießen? Sehr schön vor einer Vorstellung in der Scala, die nur fünf Minuten entfernt liegt.

Via Tommaso Grossi 1 • U-Bahn M1 Duomo • +39 02/88 21 12 34 • www.milan.park.hyatt.it • Tgl. 12–1 Uhr im Sommer, 17–1 Uhr im Winter

Don't miss

Nightlife in Brera! An jeder Ecke ein kleines Lokal. Hier wimmelt es von echten Mailänderinnen. Einfach unter die Einheimischen mischen.

* Boccondivino

Seit 30 Jahren wird hier fröhlich getrunken und gegessen. Nichts für Antialkoholiker. Die sollten lieber draußen bleiben. Das Ambiente zeigt sich als perfekte Kombination von elegant und rustikal. **Sehr italienisch**.

Via Carducci 17 • U-Bahn M1, M2 Cadorna, M2 Sant'Ambrogio • +39 02/86 60 40 • www.boccondivino.com • Mo–Sa 12.30–14.30, So 20–0 Uhr

⁎ Botinero

Wer sagt denn, dass Frauen keine Fans sind? Am Eingang hängen Fußballschuhe, und Spiele kann man sich auch auf **Großbildschirmen** ansehen. Aber aufgepasst: Hier wird für den FC Inter(nazionale) Mailand gejubelt, wo einst Rummenigge kickte. Im Botinero findet man coole Fans – vielleicht ein wenig versnobt. Das Essen ist jedenfalls phänomenal und man kann bis spät in die Nacht trinken und plaudern.

Via San Marco 3 • U-Bahn M2 Lanza • +39 02/65 56 08 40 • www.botinero.it • Tgl. 12–14.30, 19–2 Uhr

⁎ Café Marc Jacobs

Shopping und Aperitif zusammen genießen. Das hat Marc Jacobs auf der hübschen Piazza del Carmine möglich gemacht. Wer den *light aperitivo* an den Tischen draußen genießt, kann auch einen Blick in das Schaufenster werfen – Taschen und schicke Accessoires sind immer im Angebot. Auch in den kalten Monaten sitzt man draußen, zum Glück wird einem eine Decke angeboten.

Piazza del Carmine 6 • U-Bahn M2 Lanza, M1 Cairoli • +39 02/87 80 59 • Tgl. 7.30–1.30 Uhr

⁎ Colonial Café

Der Name lässt keinen Zweifel aufkommen: Hier geht es **amerikanisch** zu, im Kolonialstil. Große Bambusrohre stehen zwischen bequemen Sesseln und Sofas. Ein reichhaltiges Angebot zur Happy Hour für nur acht Euro. Es lohnt sich.

Corso Magenta 85 • U-Bahn M1 Conciliazione • +39 02/43 11 10 54 • www.colonial-cafe.com • Tgl. 19–0 Uhr

Bacchus ist vorbeigekommen und hat dem »Boccondivino« seine köstliche Gabe hinterlassen. Der Wein wird von göttlichen Häppchen begleitet, wie auch der Name verrät. →

Da Claudio

Das ist doch eine echte Alternative: eine **italienische Sushibar** in Mailands ältester Fischhandlung. Hier gibt's frischen Fisch und Weißwein. Im zweiten Stock findet man ein wunderbares Restaurant, in dem die Meeresfrüchte auf italienische Art zubereitet werden.

Via Cusani 1 • U-Bahn M1 Cairoli • +39 02/805 68 57 • www.pescheriadaclaudio.it • Mo 11–15.30, 16.30–22, Di–Fr 9.30–15.30, 16.30–22, Sa 9.30–22 Uhr

Fiori Oscuri

Mitten im Brera-Viertel liegt diese **romantische Lounge-Bar**. Sehr chic und ruhig. Perfekt, um auf jemanden Eindruck zu machen. Im Sommer kann man draußen sitzen und die Leute, die vorbeischlendern, beobachten.

Via Fiori Oscuri 3 • U-Bahn M2 Lanza, M1 Cairoli • +39 02/86 91 74 74 • Mo–Fr 12–15, 18.30–0, Sa 18.30–0 Uhr

Good Luck

Früher hieß es Good Fellas, hatte seinen Namen vom berühmten Martin-Scorsese-Film und versuchte, diese **amerikanische Kinoatmosphäre** einzufangen. Jetzt heißt es Good Luck, aber viel hat sich nicht verändert. Ab dem Frühling werden Tische auf den Fußweg gestellt.

Via Cusani 4 • U-Bahn M1 Cairoli • +39 02/89 09 50 88 • Mo–Sa 8–2 Uhr

Jamaica Bar

Superhistorisch. In den Jahren nach dem Zweiten Weltkrieg bis in die 1980er-Jahre trafen sich hier die Intellektuellen. Heute ist die Bar Ziel von Touristen und Nostalgikern. Einen **klasse Aperitif** gibt es trotzdem und manchmal eine kleine Ausstellung dazu.

Via Brera 32 • U-Bahn M2 Lanza • +39 02/87 67 23 • www.jamaicabar.it • Tgl. 9–2 Uhr

Le Banque

Luxus und Exklusivität. La Banque hat mehr als 2000 Quadratmeter und ist in drei Bereiche eingeteilt. Zwei laden **zum Tanzen** ein, in einem weiteren befindet sich ein Restaurant, das nach 23.30 Uhr teils Privée und teils Lounge wird. An manchen Tagen bezahlen Frauen vor 0.30 Uhr nur einen Euro Eintritt.

Via Bassano Parrone 6 • U-Bahn M1, M3 Duomo • +39 02/86 99 65 65 • www.lebanque.it • Di–So 18.30–4 Uhr

Obikā

Hier dreht sich alles um den Mozzarella. Ob zur Happy Hour oder zum richtigen Essen – der Büffelkäse ist immer dabei.

Die **Bar** befindet sich im obersten Stock des Kaufhauses »La Rinascente« mit Blick auf den Dom. Der Gaumen jubelt, während der Geldbeutel mal wieder eine Grimasse schneidet.

Via Santa Radegonda 3 • U-Bahn M1, M3 Duomo • +39 02/885 24 53 • www.obika.com • Mo–Sa 8.30–0, So 9.30–0 Uhr, Aperitif tgl. ab 18 Uhr

Old Fashion Club

Im grünen Parco Sempione liegt diese **Disko**, die auf eine lange Geschichte zurückblicken kann. Im Sommer kann man im Freien tanzen, im Winter locken luxuriöse Säle. Musik gibt es für jeden Geschmack, dank verschiedener Räumlichkeiten. Mittwochs organisiert das Lokal Events für Erasmus-Studenten. Wer aus dem Ausland kommt, muss dann weniger Eintritt bezahlen.

Via Alemagna 6 • U-Bahn M1, M2 Cadorna • 39 02/805 62 31 • www.oldfashion.it • Tgl. 20.30–5 Uhr

Santa Monica Cafè

Strandbilder des Kaliforniens der 1970er-Jahre hängen an den Wänden. Das mag einem ein wenig kitschig vorkommen. Aber hier wird es zwischen **Livemusik, Karaoke oder DJ-Sets** nie langweilig. Die Happy Hour für nur sechs Euro und die Tex-Mex-Küche lohnen sich.

Piazzetta Pattari 2 • U-Bahn M1, M3 Duomo • +39 02/72 02 37 15 • www.santamonicamilano.it • Mo 12–15, Di–Fr 12–15, 19–0, Sa 12–15, 19–2, So 19–0 Uhr

Santa Tecla Cafè

Liedermacher wie Lucio Battisti, Giorgio Gaber und Enzo Jannacci waren hier schon zu Gast. Vor ein paar Jahren hat es sich von einem historischen Lokal zu einem **Treffpunkt der Modeszene** entwickelt. Vor allem am Freitagabend lohnt sich die »Punks-wear-Prada-Night« für Designer und Modefreaks.

Via Santa Tecla 3 • U-Bahn M1, M3 Duomo • +39 02/89 01 52 82 • Mo 9–15.30, Di–Do 9–21.30, Fr 9–4, Sa 17–4 Uhr

Straf

Eine **Cocktailbar** mitten in der Stadt, die sich aber von anderen Mailänder Locations unterscheiden möchte. Mit Minimalstil und Lichtdesign schafft sie eine sensationelle Atmosphäre. Dienstags begleitet Livemusik die tägliche Happy Hour.

Via San Raffaele 3 • U-Bahn M1, M3 Duomo • +39 02/80 50 81 • www.straf.it • Tgl. 11–0 Uhr

Übernachten

Mailänder Hotels sind oft sehr gut, da kann man sich nicht beschweren. Ob man es sich leisten kann, ist eine andere Frage. Das Angebot reicht von Zimmern in historischen Gebäuden wie dem »Palazzo delle Stelline« und der »Locanda dei Mercanti« über Hotels der Oberklasse wie das »De la Ville«, das auch ein Fitnessstudio und Spa bietet, bis hin zu Super-Luxushäusern, etwa dem »Grand Hotel Et de Milan« (in dem man gratis das Sterbezimmer Verdis besichtigen kann). Wer sucht, der findet, und zum Glück gibt es versteckt auch manch billigere und weniger edle Unterkunft. Wie zum Beispiel das »Ostello Bello«. Es stimmt, vielleicht muss man sich ein Zimmer teilen und es liegt nicht direkt am Domplatz, aber gute Gesellschaft und zehn Minuten laufen haben noch niemandem geschadet.

* Antica Locanda dei Mercanti

Zauberhaft, in einem **Gebäude aus dem 18. Jahrhundert** zu übernachten. Die Einrichtung ist reich an Details, an kostbaren Stoffen wurde nicht gespart. In den Zimmern stehen ganz bewusst keine Fernseher. Dafür wird den Gästen ein Leseraum mit einer großen Bücherauswahl angeboten. Rechtzeitig vorbuchen!

Via San Tomaso 6 • U-Bahn M1 Cairoli • + 39 02/805 40 80 • www.locanda.it • EZ/DZ ab 195 €

* Antica Locanda Leonardo

Die Einrichtung besteht aus warmen Farbtönen. Dadurch erzeugen die Zimmer eine **angenehme und einladende Atmosphäre**, die durch die alten Möbelstücke sehr elegant wirkt. Der kleine Innengarten ist ideal, um sich im Sommer im Freien zu entspannen. Sehr gut mit den öffentlichen Verkehrsmitteln zu erreichen.

Geht gar nicht

Beim Dom übernachten. Teuer! Teuer! Teuer! Warum denn auch. Nachts kann man sowieso nicht shoppen, und ausgehen kann man hier kaum. Lieber ein bisschen raus aus der Innenstadt.

Auf zur schönen Herberge

»L'Ostello Bello« liegt im Herzen von Mailand in der Via Medici 4. Beim Reingehen spürt man die europäische Atmosphäre: zwischen bunten Tischen und einem großen Bücherregal, Kaffeegeruch und vielen verschiedenen Stimmen. Am 13. August hat die Herberge erst ihren dritten Geburtstag gefeiert. Gar nicht so alt sind auch die drei Gründer: Nicola, Carlo und Pietro waren gerade in die 30er reingerutscht, als sie sich zusammentaten. Reisen nach Südamerika und Europa waren schon immer ihre Leidenschaft. Rucksack auf den Rücken und los ging's! Nach mehr als 200 besuchten Herbergen entschieden sich die drei jungen Männer, ihr eigenes *ostello* zu eröffnen. Sie kündigten ihre Jobs und auf ging's in dieses neue Abenteuer.

Was ist hier anders als in anderen Unterkünften? »Sauberkeit und Qualität des Services«, meint Federico, der mit seinen erst 25 Jahren an der Rezeption sitzt, »außerdem bieten wir unseren Gästen italienische Produkte an: vom Aperitif bis zur Marmelade am Morgen. Wir haben sogar Kochbücher, die man jederzeit anschauen kann«. Der Aperitif und etwas zu knabbern werden bei der Ankunft kostenlos angeboten. Kaffee und Tee stehen auch immer zur Verfügung.

Das »Ostello« ist zugleich Bar und Imbiss für die Mailänder. Das ist das *bello*, also das Schöne: Es treffen sich Leute aus aller Welt, die sich kennenlernen und Reiseerlebnisse austauschen. Im unteren Raum stehen Spiele, Tische und Gitarren. Oft organisieren die Gäste selbst Konzerte und Jamsessions.

Und was kostet der Spaß? So billig ist es nicht, wenn man nur ans Schlafen denkt. Aber die Möglichkeit, mit einem Mailänder Kaffee zu trinken oder Pingpong zu spielen, ist die 28 Euro pro Nacht auch wert (www.ostellobello.com).

Corso Magenta 78 · U-Bahn M1 Conciliazione · +39 02/48 01 41 97 · www.locandaleonardo.com · EZ/DZ ab 69 €/99 €

✳ Ariston

Öko-Hotel. Ein modernes und schickes Drei-Sterne-Hotel, das nach den Regeln der Bioarchitektur erbaut wurde. Zwischen dem Dom und den Navigli gelegen, bietet es einen idealen Ausgangspunkt, um leicht überall zu Fuß hinzugelangen. Aufgrund der »grünen« Philosophie kann man auch kostenlos Fahrräder ausleihen. Hunde sind willkommen.

Largo Carrobbio 2 · U-Bahn M1, M3 Duomo · www.aristonhotel.com · EZ/DZ ab 90 €/110 €

↓ Gemütliche Sofas warten in der Halle des »Regina Hotel« auf Gäste, die zwischen zwei Verabredungen einfach mal relaxen wollen.

✳ De la Ville

Dieses **elegante Vier-Sterne-Hotel** ist eine ideale Unterkunft für anspruchsvolle Gäste. Es liegt nur wenige Schritte von Dom und Scala entfernt. Die Zimmer sind großzügig geschnitten und eingerichtet. Und zu guter Letzt gehören ein Spa mit Fitnessstudio und eine Sauna mit türkischem Bad zum Angebot. Was will man mehr?

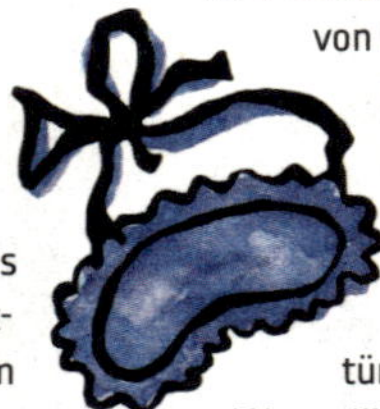

Via U. Hoepli 6 · U-Bahn M1, M3 Duomo · +39 02/879 13 11 · www.delavillemilano.com · EZ/DZ ab 360 €/390 €

✳ Milano Scala

Charmant und romantisch präsentiert sich dieses **Vier-Sterne-Hotel** im Herzen des historischen Zentrums. Die Zimmer sind bequem und komfortabel eingerichtet, die zur Straße allerdings etwas laut. Das Frühstück ist reich an regionalen Produkten. Außerdem ist das Haus mit einem ökofreundlichen Energiesystem ausgestattet.

Via dell'Orso 7 · U-Bahn M2 Lanza, M1 Cairoli · +39 02/87 09 61 · www.hotelmilanoscala.it · EZ/DZ 150 €/210 €

✳ Palazzo delle Stelline

In diesem **Drei-Sterne-Hotel** atmet man Geschichte. Das Gebäude stammt aus dem 17. Jahrhundert. Hier wurden sogenannte *stelline* (»Sternchen«), weibliche Waisenkinder, untergebracht und von Nonnen erzogen. Stimmungsvoll zeigt sich das dazugehörige Restaurant »Gli Orti di Leonardo« mit einem Garten, in dem angeblich Leonardo da Vinci einst ein Weinfeld besaß. Die Zimmer sind einfach aber bequem.

Corso Magenta 61 · U-Bahn M1 Cadorna, Conciliazione · +39 02/481 84 31 · www.hotelpalazzostelline.it · EZ/DZ 115 €/172 €

⁎ Regina

Dieses **Vier-Sterne-Hotel** befindet sich in einem herrlichen Gebäude im Herzen der Stadt. Man spürt gleich die warme Atmosphäre, dank der wundervollen Einrichtung und der Freundlichkeit des Personals. Die superkomfortablen Zimmer und der Gemeinschaftsgarten laden zu einem entspannten Urlaub ein.

Via Cesare Correnti 13 · U-Bahn M2 Sant'Ambrogio, Straßenbahn 2, 14 Piazza Resistenza Partigiana · +39 02/ 58 10 69 13 · www.hotelregina.it · EZ/DZ 131 €/155 €

⁎ Star

Hier wählt man nach Geschmack und Geldbeutel die Zimmerqualität, die man sich wünscht: Standard, Classic und Superior. Der Standard ist natürlich schon sehr hoch, da sich dieses **Drei-Sterne-Hotel** im Zentrum Mailands, gleich hinter der Scala, befindet. Auch ein Shuttlebus zu den Flughäfen und sonstiger Komfort wie Internet werden angeboten.

Via dei Bossi 5 · U-Bahn M1, M3 Duomo · +39 02/80 15 01 · www.hotelstar.it · EZ/DZ ab 55 €/90 €

⁎ UNA Hotel Cusani

Der Standard der **bekannten Hotelkette** ist hoch. Einige Zimmer sind sogar mit Fresken an den Wänden geschmückt. Die antiken Möbel geben dem Ambiente einen klassischen Stil. Alle Zimmer haben den gleichen Basiskomfort, unterscheiden sich jedoch in den Kategorien: Classic, Superior, Executive, Junior Suite und Suite.

Via Cusani 13 · U-Bahn M1 Cairoli · +39 02/856 01 · www.unahotels.it · EZ/DZ ab 154 €

Der Nord-westen

Parco Sempione, Paolo Sarpi, Porta Garibaldi – das andere Gesicht der Stadt, bunt und international

Nordwestlich des historischen Zentrums liegen drei unterschiedliche Viertel, die aber eng miteinander verbunden sind. Zunächst das Viertel um den Parco Sempione, Mailands zentralen Stadtpark und Scharnier zwischen Innenstadt und Nordwesten. Die Grenzen der Viertel können nicht eindeutig festgelegt werden. So wendet sich der Parco Sempione mit dem Castello Sforzesco dem historischen Zentrum zu, beim Arco della Pace, dem Triumphbogen, von dem aus Napoleon eine Straße nach Paris bauen wollte, kehrt er sich davon ab. Heute lächelt der Arco della Pace dem »Chinaviertel« Paolo Sarpi zu. Es wimmelt hier nicht nur von Chinesen, sondern auch von niedlichen Läden und Cafés.

Ähnlich der Corso Garibaldi, der im Brera-Viertel beginnt und dort noch zu den Straßen des romantischen und zentralen Künstlerviertels gehört. Er verläuft über den Largo La Foppa (U-Bahnstation Moscova) bis zur Porta Garibaldi. Der Corso Como, heute in der Verlängerung des Corso Garibaldi, ist seit den 1990er-Jahren eine der beliebtesten Straßen der Modeszene.

Und hier fängt der dritte und jüngste Stadtteil dieses bunten nordwestlichen Mailands an. Der Bahnhof Porta Garibaldi wurde 2006 komplett renoviert und ist so zu einem wichtigen Knotenpunkt der U- und S-Bahnlinien geworden. Dazu ist die futuristisch anmutende, 2012 eröffnete Piazza Gae Aulenti gekommen, die zugleich eine Brücke zu dem einst abgelegenen Isola-Viertel bildet. In diesem Viertel haben sich in den letzten Jahren bunte Lokale und Geschäfte neben traditionellen Treffpunkten niedergelassen, um im Gegensatz zu Corso Como und Corso Garibaldi die volkstümliche Seele der Stadt wiederzuerwecken.

Kultur
Shopping
Restaurant
Wellness
Ausgehen
Übernachten
N
0
200 m
Cookbook
Enterprise
Mercato di Via Fauché
Ex Staz. Bullona F. N.
Gatto-pardo
Gogol'Ostello
Ayurvedic Point
Domodossola
Stazione F.N.M. Domodossola
Gerusalemme
Best Western Hotel Mozart
Torrefazione Moka Hodeidah
Beauty Trefor
Rivareno
Oplà!
Oriental Mall
Fabbrica del Vapore
Quartiere Cinese
Cenisio
B in Love
Bagno Russo
Jazz Café
Sempione Café
Kitsch Bar
Deseo
Freak Bar
Living
Bhangra-bar
Arco della Pace
Piazza Sempione
Velodromo Vigorelli
Piazza Diocleziano
Piazza Gerusalemme
Largo Pian del Re
Piazza Coriolano
Piazza Giovanni Perego
Villa Simonetta
Largo Domodossola
Piazza Sei Febbraio
Piazza Giovanni XXIII
Giardino V. Bompiani
Largo Luigi Medici
Piazza Morselli
Corpus Domini
Largo Alberto Camus
Largo V Alpini
Via Cenisio
Corso Sempione
Via Giulio Cesare Procaccini
Via Paolo Sarpi
Via Messina
Viale Duilio
Viale Severino Boezio
Viale Cassiodoro
Viale Balisario
Via Francesco Melzi D'Eril
Via Gran San Bernardo
Via Giovanni da Procida
Via Canonica
Via Niccolò Machiavelli
Via Abbondio Sangiorgio
Viale Emilio Alemagna
Viale Milton
Via Camoens
Vle Goethe
Viale Shakespeare
Via Giuseppe Revere
Via Gabriele Rossetti
Via Senofonte
Via Plutarco
Via Tiziano

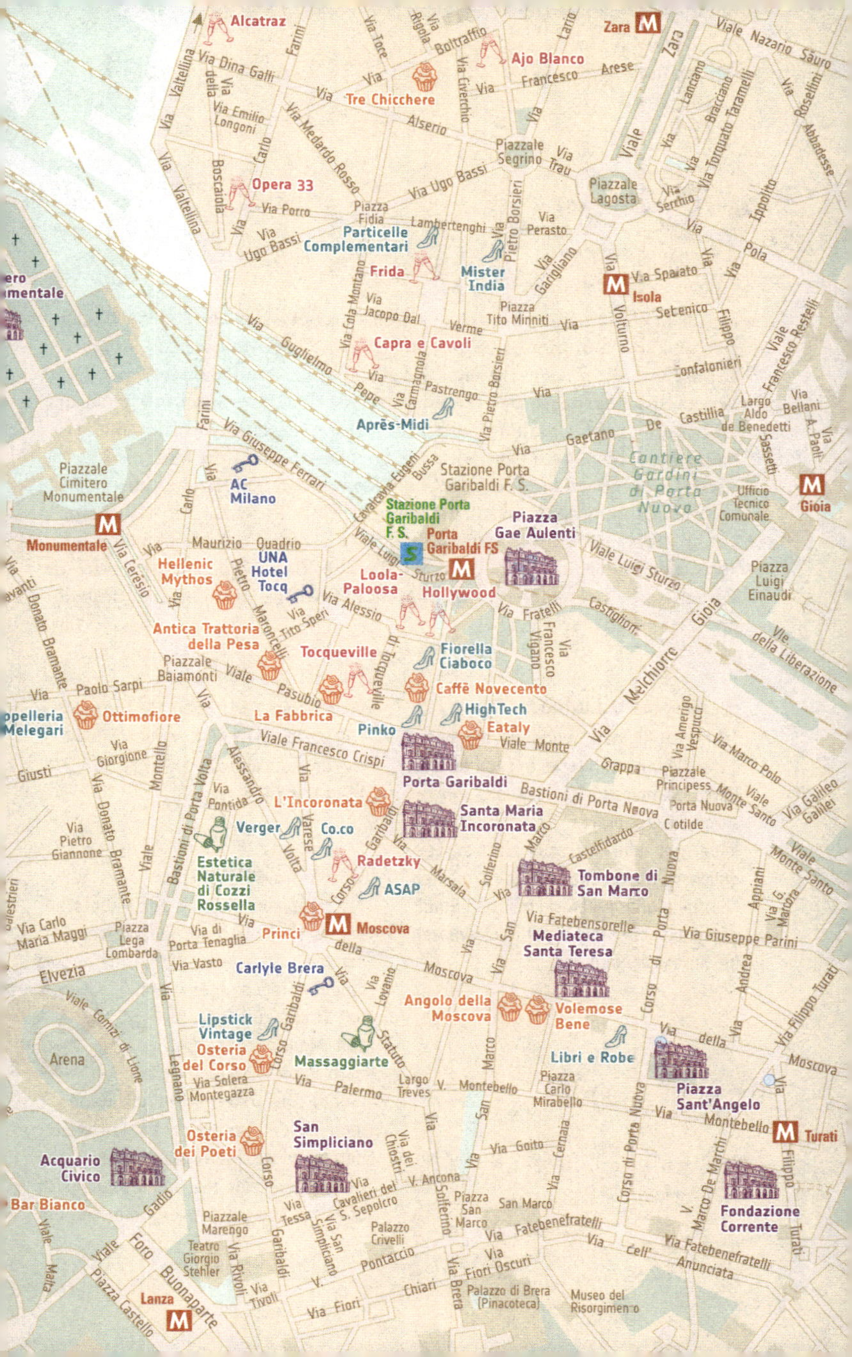

Alcatraz
Zara
Ajo Blanco
Tre Chicchere
Opera 33
Particelle Complementari
Frida
Mister India
Isola
Capra e Cavoli
Après-Midi
AC Milano
Stazione Porta Garibaldi F. S.
Stazione Porta Garibaldi F. S.
Porta Garibaldi FS
Piazza Gae Aulenti
Cantiere Giardini di Porta Nuova
Ufficio Tecnico Comunale
Gioia
Piazzale Cimitero Monumentale
Monumentale
Hellenic Mythos
UNA Hotel Tocq
Loola-Paloosa
Hollywood
Antica Trattoria della Pesa
Tocqueville
Fiorella Ciaboco
Caffè Novecento
Ottimofiore
La Fabbrica
Pinko
HighTech
Eataly
Porta Garibaldi
L'Incoronata
Santa Maria Incoronata
Verger
Co.co
Estetica Naturale di Cozzi Rossella
Radetzky
ASAP
Tombone di San Marco
Princi
Moscova
Mediateca Santa Teresa
Carlyle Brera
Angolo della Moscova
Volemose Bene
Lipstick Vintage
Osteria del Corso
Massaggiarte
Libri e Robe
Piazza Sant'Angelo
Turati
Arena
Osteria dei Poeti
San Simpliciano
Acquario Civico
Bar Bianco
Fondazione Corrente
Lanza
Piazza Castello
Foro Buonaparte
Palazzo di Brera (Pinacoteca)
Museo del Risorgimento
Piazzale Marengo
Teatro Giorgio Stehler
Palazzo Crivelli
Piazza San Marco
Largo Treves
Piazza Carlo Mirabello
Piazza Lega Lombarda
Piazzale Baiamonti
Piazzale Principessa Clotilde
Piazza Luigi Einaudi
Piazzale Lagosta
Piazzale Segrino
Piazza Fidia
Piazza Tito Minniti
Largo Aldo de Benedetti
Viale Luigi Sturzo
Viale della Liberazione
Bastioni di Porta Nuova
Viale Francesco Crispi
Via della Moscova
Corso Garibaldi
Corso di Porta Nuova
Via Fatebenefratelli
Via Solferino
Viale Monte Grappa
Via Melchiorre Gioia
Viale Pasubio
Via Paolo Sarpi
Viale Monte Santo
Via Filippo Turati
Via Montebello
Via Giuseppe Parini
Via Pontaccio
Via Fiori Chiari
Via Fiori Oscuri

Kultur

Kultur genießen, indem man sie durchschreitet – das bietet der 1893 angelegte Parco Sempione mit Denkmälern, kleinen Museen und einer Landschaft, die wie ein Bühnenbild gestaltet ist. Am Rand des Parks liegt der Ausstellungspalast der Triennale mit dem Designmuseum – einer der Höhepunkte eines Mailandbesuches. Wenn man dann vom Corso Garibaldi, über den Corso Como bis zur Porta Garibaldi und weiter ins Isola-Viertel schlendert, kommen Liebhaberinnen von historischen und architektonischen Sehenswürdigkeiten auf ihre Kosten. Hier trifft man auf alte Kirchen wie San Simpliciano oder Santa Maria Incoronata und auf supermoderne Plätze. Auf einen kleinen Rundgang über den ganz der Vergangenheit gewidmeten Monumental-Friedhof braucht man deshalb nicht zu verzichten.

* Acquario Civico

In einem kleinen, wunderschönen Jugendstilhaus, versteckt am Rande des Parco Sempione, ist Mailands **Aquarium** untergebracht. Es ist an Vielfalt leider mit dem in Genua nicht zu vergleichen, überzeugt aber durch seinen Charme. Außer meereskundlichen Rundgängen werden hier vielerlei Aktivitäten für Kinder angeboten.

Viale Gadio 2 • U-Bahn M2 Lanza • +39 02/88 46 57 50 • www.acquariocivicomilano.eu • Di–So 9–13, 14–17.30 Uhr • 5 €

* Arco della Pace

Als Napoleon Mailand zur Hauptstadt seines italienischen Königreiches machte, fing man 1809 an, einen »Siegesbogen« an der Straße zu bauen, die von Mailand den Weg nach Paris wies (Corso Sempione). Die Österreicher, die Napoleon wieder verjagten, bauten weiter daran und machten daraus einen »Friedensbogen«. Die Mailänder freuen sich über das **klassizistische Bauwerk**, um

Don't miss

Die kleine Bibliothek im Parco Sempione. Ideal, um ein wenig zu schmökern. So kann man den Park auch an kalten Wintertagen genießen.

das herum sich eine lebhafte Kneipenszene entwickelt hat.

Straßenbahn 1, 19 Arco della Pace

✳ Cimitero Monumentale

Es klingt ein bisschen makaber, aber der **Friedhof**, der Anfang des 19. Jahrhunderts angelegt wurde, ist eigentlich eine schöner Park voll architektonischer Highlights. Viele berühmte Mailänder vom Schriftsteller Alessandro Manzoni über den Maler Francesco Hayez bis zum Liedermacher Giorgio Gaber haben hier ihre letzte Ruhe gefunden. Und manchmal kann man sich ein Schmunzeln nicht verkneifen – wenn zum Beispiel das Grabmal der Familie Campari mit einer Skulptur des Abendmahls geschmückt ist.

Piazzale Cimitero Monumentale • U-Bahn M2 Porta Garibaldi, Straßenbahn 2, 4, 33, 12, 14, Bus 37, 94 Piazzale Cimitero Monumentale Via Bramante • +39 02/88 44 12 74 • www.comune.milano.it • Di–So 8–18 Uhr

✳ Fabbrica del Vapore

Früher ratterten hier Maschinen, heute wird in der alten Fabrikanlage unweit des Cimitero Monumentale Kultur produziert. Sie beherbergt Werkstätten für **Tanz-, Theater- und Musikgruppen**, für junge Künstler, Filmemacher und Fotografen. Es finden regelmäßig Ausstellungen, Vorführungen und Events statt. Und während der Designwoche im April ist hier der Teufel los.

Via Procaccini 4 • U-Bahn M2 Garibaldi, Straßenbahn 7, 12 Piazzale Cimitero Monumentale Via Bramante • www.fabbricadelvapore.org

✳ Fondazione Corrente

1938 gründete der blutjunge Mailänder Maler und Bildhauer Ernesto Treccani (1920–2009) die Zeitschrift *Corrente*. Daraus entwickelte sich die gleichnamige Gruppe von Künstlern und Intellektuellen, die zum Vorläufer der Strömung des *Neorealismo* wurden. In den Räumen der Stiftung kann man **Arbeiten Treccanis** sehen und sein ehemaliges Atelier besichtigen: Spuren eines Italiens, das nach dem Krieg ver-

Der Arco della Pace von unten. Oben drauf sitzen Vögel, die die Müßiggänger im Parco Sempione beobachten. →

suchte, auch kulturell wieder auf die Beine zu kommen. Gelegentlich finden Veranstaltungen statt.

Via Carlo Porta 5 • U-Bahn M3 Turati, Straßenbahn 1 Turati • www.fondazionecorrente.org • Di–Fr 9–12.30, 15–18.30 Uhr

✳ Mediateca Santa Teresa

Das Gebäude ist klein, doch es birgt die ganze Welt: In einem ehemaligen Barockkirchlein ist Mailands **Mediathek** untergebracht. Datenbanken von der Fernsehanstalt RAI bis zum Piccolo Teatro sind hier zugänglich, man kann die Geschichte der neapolitanischen Lieder erforschen, in rund elf Millionen Microfilm-Seiten der 1500 erfassten Zeitungen und Zeitschriften blättern oder alte Filme anschauen. Es finden auch Seminare und Events statt. Zutritt mit Personalausweis.

Via della Moscova 28 • U-Bahn M2 Moscova • Bus 41, 94 Via Moscova, Via Solferino • +39 02/36 61 59 • www.mediabrera.it • Mo–Fr 9.30–13.30 Uhr

✳ Parco Sempione

Einer der **größten und ältesten Parks** der Stadt. Er wurde 1893 auf dem Gelände des ehemaligen Waffenplatzes des Castello Sforzesco nach einem Plan von Emilio Alemagna im englischen Stil angelegt, also mit kleinen Seen, breiten Wegen und flachen Hügeln. Interessant ist die Blickachse vom Castello zum Arco della Pace. Ein herrlicher Stadtpark, um zu joggen, zu spielen oder sich einfach mal im Grünen auszuruhen.

Eingänge: Via Pagano, Piazza Castello, Viale Elvezia, Viale Milton, Viale Gadio, Viale Alemagna, Via Legnano • U-Bahn M1 Cadorna, Cairoli, M2 Lanza, Moscova • www.comune.milano.it • Nov.–Feb. 6.30–20.30, März, April 6.30–21.30, Mai 6.30–22, Juni–Sept. 6.30–23.30, Okt. 6.30–21 Uhr

✳ Piazza Gae Aulenti

Der jüngste Platz Mailands. Im Februar 2014 eröffnet, bildet diese Piazza das neue **architektonische Zentrum der Stadt**. Man erreicht sie mit Rolltreppen, kann sich an einer Brunnenanlage ausruhen, in den anliegenden Geschäften einkaufen oder eine Kleinigkeit essen. Der Blick auf die neue Skyline der Stadt ist beeindruckend.

Piazza Gae Aulenti • U-Bahn M2, M5 Garibaldi

✳ Piazza Sant'Angelo

Der Heilige Franziskus beugt sich über den Brunnenrand und hält Vögeln eine Predigt. Und das schon seit Giannino Castiglioni ihn 1927 aus Bronze geschaffen hat. Um Ostern herum findet hier jedes Jahr ein großer Blumenmarkt statt. Es lohnt auch ein Blick in die **frühbarocke Kirche** der Franziskaner, unter anderem mit Fresken von Simone Peterzano, dem Lehrmeister von Caravaggio. Die Fassade erstrahlt bei Sonnenuntergang.

Piazza S. Angelo 2 • U-Bahn M3 Turati • +39 02/63 47 05 47 • Tgl. 6.30–19.45 Uhr

✳ Porta Garibaldi

Die ehemalige Porta Comasina gehört zu den **sechs Haupttoren** von Mailand am Ring der Bastionen. Sie wurde ab 1826 unter dem österreichischen Kaiser Franz I. an der Straße nach Como errichtet. Mit der Befreiung von Österreich und der Gründung Italiens (1859/1861) widmete man die klassizistische Anlage dann dem Freiheitshelden Garibaldi.

Piazza XXV Aprile • U-Bahn M2 Moscova, Garibaldi

✳ Quartiere Cinese

Nur wenige Schritte vom Zentrum entfernt erreicht man China. Auf den ersten Blick kommt rund um die Via Paolo Sarpi alles aus Asien: Läden, Waren, Menschen – und das Essen auch. Dennoch leben in **Mailands Chinatown** viele italienische Bürger. Eine reizende Gegend, die man zu Fuß oder mit dem Fahrrad erkunden kann.

↑ *Das ist kein Raumschiff – der atemberaubende Wolkenkratzer steht auf der Piazza Gae Aulenti, dem jüngsten und modernsten Platz Mailands.*

Via Paolo Sarpi, Via Bramante, Via Canonica • Straßenbahn 14, 2, Bus 57, 45 Via Bramante, Via Sarpi

✳ San Simpliciano

Während man den Corso Garibaldi entlangschlendert, trifft man auf eine **alte Kirche**. San Simpliciano wurde wahrscheinlich im 4. Jahrhundert als eine der ersten Kirchen der Stadt gebaut, vielleicht geht sie sogar auf den Heiligen Ambrosius zurück. Wir sehen aber heute vor allem die romanischen Umbauten aus dem Mittelalter. Im stimmungsvollen Inneren finden oft Orgelkonzerte statt. Rechts davon stehen auf der Piazza Paolo VI ein paar Bänke – ideal, um eine Pause einzulegen. Wer einen

Tee und ein Stück Kuchen möchte, kann beides in der »California Bakery« direkt an der Piazza San Simpliciano bestellen.

Piazza San Simpliciano 7 • U-Bahn M2 Lanza • +39 02/86 22 74 • www.sansimpliciano.it • Tgl. 7–12, 15–18 Uhr

✳ Santa Maria Incoronata

Ein kleines Juwel aus rotem Stein. Die **Kirche** im typisch gotisch-lombardischen Stil erzählt auch eine Liebesgeschichte. Bianca Maria Visconti stiftete hier um 1460 eine kleine Kirche, ihr Mann Francesco Sforza wollte es ihr gleich tun und lehnte sich mit seiner Kirche an die der geliebten Frau an, wie die Doppelfassade von außen zeigt. In den alten Bibliotheksräumen des dazugehörenden Klosters finden heute manchmal Konzerte statt.

Corso Garibaldi 116 • U-Bahn M2 Lanza, M2, M5 Garibaldi • +39 02/ 65 48 66 • www.santamariaincoronata.it • Mo–Do 8.30–19 Uhr

Geht gar nicht

»ATMosfera«: in einer alten Tram Party machen, während man durch die Stadt fährt. 65 Euro kostet der Spaß. Lieber eine Runde mit der Linie 33 drehen. Sieht genauso aus und kostet nur 1,50 Euro!

✳ Tombone di San Marco

Im Mailänder Dialekt bezeichnet *tombon* eine Wasserstufe im Lauf der Kanäle *(Navigli)*, die wegen der Tiefe angeblich auch gerne Selbstmörder anzog. Unweit der Kirche San Marco legte Leonardo da Vinci eine **Schleuse** an, um solch einen *tombon* auszugleichen. Bis in die 1930-Jahre waren viele der alten *Navigli* noch erhalten, dann schüttete man sie zu und baute Straßen darüber. Leonardos heute trocken gelegter *tombon* ist als urbanes Museumsstück erhalten.

Ecke Via San Marco/Via Castelfidardo • U-Bahn M2 Moscova

✳ Triennale di Milano

Auf zur Triennale! Am Rande des Parco Sempione liegt der **Ausstellungspalast** (unter anderem mit dem wichtigsten italienischen Designmuseum) aus den 1930er-Jahren. Die Location ist einfach spektakulär, es gibt regelmäßig Wechselausstellungen und eine große Design-Buchhandlung. Ideal auch zum Lunch (sonntags Brunch) oder zum Aperitif im »Triennale Design Café« – im Sommer draußen im Park vor einer Brunneninstallation von Giorgio de Chirico.

Viale Alemagna 6 • U-Bahn M1 Cadorna • +39 02/89 09 38 99 • www.triennale.it • Di–So 10.30–20.30, Do 10.30–22.30 Uhr

!Adriano und seine Stadt

»Questa è la storia di uno di noi, anche lui nato per caso in via Gluck«. So sang in den 1960er-Jahren der weltberühmte Sänger Adriano Celentano. Wer kennt ihn nicht? Sein bekanntestes Lied *Azzurro* wird heute noch in Deutschland gespielt.

Aber ein Star fällt selten vom Himmel, sondern wird auch schon mal in Ställen geboren oder in diesem Fall in der Vorstadt. Adriano kam 1938 als Sohn von Immigranten aus Apulien hier in Mailand in einer von grünen Wiesen umgebenen Arbeitersiedlung auf die Welt und wuchs in der Via Gluck Nr. 14 auf. Mittlerweile sei die Via Gluck »einer der hässlichsten Straßen Mailands« geworden, meint der Sänger heute. Was ist mit der Straße passiert? Zwischen 1950 und 1960 wurde diese Gegend von Bauspekulanten überrollt.

»La dove c'era il verde, ora c'è una città« – statt der Wiesen also die Stadt, heißt es im Text. Im Lied wird genau diese Geschichte eines Jungens aus der Via Gluck erzählt, der nostalgisch an seine Jugend im Grünen zurückdenkt. Adriano hat mit diesem Song vielleicht mehr Leute erreicht und für Umweltfragen sensibilisiert als tausend Bücher. Inzwischen möchte die Stadtverwaltung Mailands einen Teil der Via Gluck unter Denkmalschutz stellen lassen. Adriano ließ allerdings resigniert verlauten, dafür sei es viel zu spät. Mal abwarten.

Immerhin sind diese Häuser beispielhaft für Arbeitersiedlungen, wie sie Ende des 19. Jahrhunderts rund um Mailand entstanden sind. Es lohnt sich also, einmal durch die Via Gluck zu spazieren und sich vorzustellen, wie der kleine Adriano singend über die Wiesen sprang. Auch wenn heute die Bar an der Ecke von Chinesen betrieben wird. Und am Ende kann man einen Blick ins sympathische kleine Museum für Filmplakate (Via Gluck 45; S. 84) werfen.

Shopping

Das Sprichwort ist so alt, wie es richtig ist: Wer die Wahl hat, hat die Qual. In das »Chinaviertel« Paolo Sarpi sollte man sowieso einen Abstecher machen, warum dort also nicht ein paar der niedlichen Boutiquen besuchen, die nicht nur von Chinesen geführt werden. Wer jedoch der aktuellen Mode verfallen ist, darf den Corso Como und den Corso Garibaldi nicht links liegen lassen. Wenn dann der Reichtum nervt und man nach Alternativen sucht, kann man über die Porta Garibaldi hinaus bis ins Isola-Viertel spazieren. Es ist sicherlich kein Armenviertel und Klamotten haben auch hier ihren Preis. Jedoch bieten die Läden neue und abwechslungsreiche Mode und die Atmosphäre ist weniger versnobt.

✳ Après-Midi

Einen Leckerbissen tragen, das kann man im Isola-Viertel im wahrsten Sinne des Wortes. Greta Silva entwirft **Schmuck, Kleider und Schuhe**, die mehr Backwaren als echten Klamotten ähneln. Die Atmosphäre in dieser Boutique lässt die Kundinnen in eine Welt aus Zuckerwatte eintauchen, in der jedes Detail, und sei es noch so klein, stimmt.

Via Pastrengo 7 • U-Bahn M5 Isola • +39 02/68 895 34 • Mo–Sa 10–19 Uhr

✳ ASAP

»As Sustainable As Possible«: Nicht alle schaffen es, aber hier ist **ethischer Konsum** ganz einfach. Die Philosophie: bewusst einkaufen im Einklang mit Mensch und Natur. Deswegen sind alle Klamotten und Accessoires in Italien hergestellt, viele recycelt, und sogar das Leder ist pflanzlicher Herkunft. Leider muss man dafür ein wenig mehr Geld ausgeben, aber diesmal für einen guten Zweck.

Corso Garibaldi 104 • U-Bahn M2 Moscova • +39 02/659 81 57 • www.asaplab.it • Mo 15.30–19.30, Di–Sa 10.30–13.30, 14.30–19.30 Uhr

✳ Cappelleria Melegari

Sich einen **Hut nach Maß** schneidern zu lassen, klingt ein bisschen altmodisch, doch seit 1925 verkauft die Familie Melegari nicht nur Kopfbedeckungen, sondern stellt sie auch selbst her. Erst wenn man in diesem Laden war, kann man sich vorstellen, wie viele verschiedene Arten von Hüten es gibt. Flache, spitze, englische, irische, für den Sommer, den Winter und für wer weiß noch was. Für jeden Kopf einen.

Via Paolo Sarpi, 19 • Bus 57, 43 Via Canonica, Via Sarpi • +39 02/31 20 94 • www.cappelleriamelegari.com • Mo 15.30–19, Di–Sa 10–14.30, 15.30–19 Uhr

Co.co

In einem Innenhof versteckt liegt ein ganz besonderer Laden. Wer hier einkauft, gehört zur Elite von raffiniert-alternativen Modefreaks. Kein Wunder. Im Angebot sind **Vintage-Kleider**, die zum Teil noch aus den 20er-Jahren stammen. Und wenn man sie nicht kaufen möchte, kann man einen Hut oder ein Paar eleganter alter Schuhe auch ausleihen, wie es die Regisseure und Werbeagenturen machen.

Via Varese 4 • U-Bahn M2 Moscova • +39 02/29 00 65 62 • Mo 15.30–19.30, Di–Sa 10.30–19.30 Uhr

Fiorella Ciaboco

Ein Atelier, »in dem für Frauen maßgeschneidert wird«, sagt Fiorella Ciaboco, deren **Schneiderwerkstatt** am modischen Corso Como liegt. Fiorella zeichnet und entwirft Kleider für und mit Frauen, die einen Stil pflegen, der Freiheit und Kreativität ausdrücken möchte. Ein ganz anderes Shoppingerlebnis.

Corso Como 9 • U-Bahn M2 Moscova, M2, M5 Garibaldi • +39 02/29 06 32 58 • www.sartoriafiorella.com • telefonische Terminvereinbarung

HighTech

Es ähnelt ein bisschen einem Kaufhaus, ist es aber nicht. Hier findet man fast alles: von Klamotten bis zu **Möbeln und Parfum**, dazu Kerzen und Ähnliches. Die Kunden verlaufen sich zwischen para-

So umweltfreundlich wie möglich heißt bei »ASAP« so einfach wie möglich. Grüne Stühle als Symbol der Natur – so demonstriert der Laden seine Philosophie. →

diesischem Krimskrams und asiatischen Möbeln. Eher zum Bummeln als zum Einkaufen.

Piazza XXV Aprile 12 • U-Bahn M2 Moscova • +39 02/62 41 10 58 • www.cargomilano.it • Mo 13.30–19.30, Di–So 10.30–19.30 Uhr

* Libri e Robe

Fans **alter Bücher** und Liebhaber des Shoppings sind hier am richtigen Ort. Vintage-Kleider, Schmuckstücke und Taschen von 40 Euro bis fast unbezahlbar. Die Bücher haben ihre eigene Abteilung. Themen wie Kochen und auch Kindergeschichten sind hier zu finden.

Via della Moscova 15 • U-Bahn M2 Moscova • +39 02/659 82 09 • Mo–Fr 10–13.30, 14–19.30, Sa 10–13.30 Uhr, Juni–Aug. geschlossen

* Lipstick Vintage

Lipstick Vintage macht auf den ersten Blick einen ziemlich modernen Eindruck und zieht deswegen viele jüngere Kundinnen an. Das Besondere an diesem Vintage-Reich sind die **Originalklamotten und -accessoires** aus dem 18. und 19. Jahrhundert. Zum Beispiel eine Coco-Chanel-Tasche – für 800 Euro. Zu teuer? Im Sommer werden die Preise um bis zu 70 Prozent runtergesetzt. Da lohnt es sich schon, einmal einen Blick zu riskieren.

Corso Garibaldi 79 • U-Bahn M2 Lanza, Moscova • +39 02/62 08 61 65 • Mo 15.30–19.30, Di–Sa 10.30–13, 15.30–19.30 Uhr

Geht gar nicht

Bei den chinesischen Händlern Kleider kaufen. Muss nicht sein. Man kommt schließlich der italienischen Mode wegen nach Mailand.

* Mercato di Via Fauchè

Die Via Fauchè ist während der Woche eine ganz normale Straße. Aber am Donnerstag und am Samstag füllen sich die Wege mit Menschenmassen. Der

Grund ist der **wunderschöne Markt**. Eigentlich ein ganz normaler Wochenmarkt. Aber der hier hat wohl etwas Besonderes, wenn sogar Leute aus dem Hinterland extra herkommen. Man kann gute Schnäppchen machen und die städtische Atmosphäre genießen.

Via Fauchè • Straßenbahn 1, 12, 14, Bus 43, 57 Sempione, Piazza Firenze, Cenisio, Domodossola • Di 8.30–13, Sa 8.30–17.30 Uhr

↑ *Frisches Obst und Gemüse gibt es überall, aber auf dem Markt der Via Fauchè liegen die Preise unter dem Durchschnitt und die Qualität darüber.*

✳ Mister India

Die **Farben und Düfte Indiens** bezaubern auch Mailänderinnen. Ohrringe, Armbänder, Haarspangen und viele andere Accessoires warten darauf, die Schönheit jeder Frau zu erwecken. Ein warmer Ort, um aus dem grauen Mailand in eine Farbenwelt zu fliehen.

Via Borsieri 29 • U-Bahn M3, M5 Zara • +39 02/608 00 93 • Mo 15.30–19, Di–Sa 10–19.30 Uhr

✳ Oplà!

Hoppla, das ist aber ein toller Laden! Direkt in der Via Paolo Sarpi, neben vielen China-Shops, befindet sich ein kleines Wunderland. Vintage-Möbel und bunte Wände sind der ideale Rahmen für die vielen unwiderstehlichen Accessoires, den Schmuck und die **Einrichtungsgegenstände**, die es hier zu kaufen gibt. Die Philosophie der Besitzerin Michela lautet Lockerheit und Lust zum Spielen. Die vergehen auch nicht an der Kasse, da die Preise ziemlich moderat sind.

Via Paolo Sarpi 56 • Bus 57, 43 Via Canonica, Via Sarpi • +39 02/49 66 17 83 • Di–Sa 10.30–14, 16–19.30 Uhr

Oriental Mall

Im bekannten Chinesenviertel durfte natürlich ein Kaufhaus nicht fehlen. Fünf Stockwerke ist das **asiatische Zentrum** hoch. Zwei Supermärkte, ein Stock nur mit Wellness- und Teesälen und viele Ecken mit Klamotten, zum Glück nicht nur aus China.

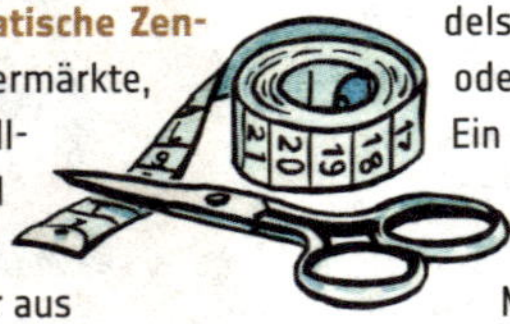

Via Paolo Sarpi 33 • Bus 43, 57 Via Canonica, Via Sarpi • Mo 15–19.30, Di–Sa 9.30–13, 15–19.30 Uhr

Particelle Complementari

In einem Innenhof, neben einer wunderschönen Cocktailbar, liegt ein Kleidergeschäft, in dem sich **Vintage und ethisches Bewusstsein** vereinen. Hier können verschiedene Designer experimentieren, um den Kundinnen eine etwas andere Mode zu bieten. Die Idee des Ladens ist: raus aus der Kaufhausästhetik und rein in das Persönliche, das Besondere.

Via Pollaiuolo 3 • U-Bahn M3, M5 Zara, M2, M5 Garibaldi + +39 02/ 89 82 90 90 • Di, Mi 10–15, 16–19.30, Do, Fr 10–15, 16–22, Sa 16–22, So 12.30–16.30 Uhr

Pinko

Klassisch, schick und modern ist Pinko. So ein Laden darf am feinen Corso Como nicht fehlen. Einzelstücke gibt es hier nicht, aber Discountpreise ebensowenig. Jedenfalls hängt eine Pinko-Bag in fast jedem Mailänder Mädelschrank, ob sie zur Uni geht oder noch die Schulbank drückt. Ein Muss!

Corso Como 11 • U-Bahn M2, M5 Garibaldi • +39 02/ 63 47 03 89 • www.pinko.it • Mo–Sa 10.30–19.30, Do 10.30–20.30 Uhr

Verger

Mode, Küche und Design. Drei Schlagwörter für Italien – und für Verger Food und Fashion, mit mediterraner Küche und italienischer Mode. Die Klamotten von Cacharel, Iro und Superfine haben ihren Preis. Traditionelle Verger-Cashmere-Pullover gibt es auch. Im Bistro ist der Mittagslunch für 15 Euro dagegen richtig preiswert.

Via Varese 1 • U-Bahn M2 Moscova • +39 02/86 99 82 76 • Mo–Fr 8–0, Sa, So 11–16 Uhr

Eine Straße voller Überraschungen

Wer genug hat von den hochnäsigen Vierteln im Zentrum, ist in der Via Pastrengo richtig. Nur die Eisenbahnschienen des Garibaldi-Bahnhofs trennen die Straße vom Corso Como. Hier herrscht eine gleichsam dörfliche Atmosphäre, die sich mit dem internationalen Flair perfekt vermischt. Im Herzen des Viertels Isola herrscht ein riesiges Angebot an Läden, Cafés und Restaurants. Es geht schon an der Ecke zur Via Carmagnola los mit dem Restaurant »Primoposto«: Fabio Curreli bietet leckere sardische Spezialitäten an. An zwei Dienstagen im Monat treten abends verschiedene Bands auf. Direkt gegenüber findet man »Dolce Sicili«, hier gibt es *cannoli*, *granite* und *arancini*.

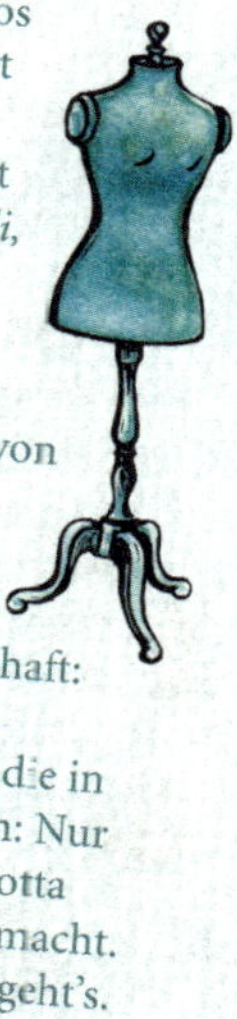

Wenn man über die Kreuzung geht, stößt man auf die Bar-Trattoria »Blu«. Die blaue Bar empfängt ihre Gäste von 7 Uhr morgens bis 1 Uhr nachts. Die Tische hat die Künstlerin Costanza Algranti, die Hocker haben junge Designer vom Studio Evastomper (direkt nebenan) entworfen. Denn diese Straße hat eine besondere Eigenschaft: Sie ist erfüllt von einer einzigartigen Energie, gespeist aus Freundschaften. So tragen die *baristi* des »Blu« Schürzen, die in einem Laden nebenan (»Sara e Paola«) angefertigt wurden: Nur zwei Hausnummern weiter haben Paola Pezza und Sara Rotta Loria ein Klamottengeschäft für Frauen und Kinder aufgemacht. Der Stil ist elegant und ein wenig französisch. Aber weiter geht's. Seit elf Jahren verkauft Giulio Guazzioni im »AlNumeroNove« seine prachtvollen Blumen.

Ganz schicke Mädels zieht es zu »L'Aneagamma Lascari«. Das Angebot ist erstklassig mit Cocktail-, Gala- und Brautkleidern. Alles nur »on demand« und feinste Schneiderkunst. Last but not least werfen wir einen Blick in das Schmuckgeschäft der Designerin Monica Castiglioni. Monica lässt sich von der Natur inspirieren; ihre Kreationen sind richtige kleine Kunstwerke.

Restaurants & Cafés

Kleiner Italienischunterricht: Die *trattoria* war früher eine familiär geführte Gaststätte, in der es einfache Speisen gab. Als *osteria* bezeichnete man eine eher kneipenähnliche Wirtschaft, in der einfacher Wein ausgeschenkt wurde und man die Nähe zum Tischnachbarn suchte … Heute verbirgt sich hinter diesen Begriffen mehr. Eine *trattoria* oder eine *osteria* können inzwischen sogar Luxusrestaurants sein. Umgekehrt haben sich das »Café« und die »Bar« zu Orten gemausert, wo besonders mittags kalte und oft auch warme Speisen zu vernünftigen Preisen angeboten werden. Sicherheitshalber aber immer einen Blick auf die an der Tür ausgehängte Preisliste werfen.

✳ Angolo della Moscova

»Un cappuccio e una brioche«, sagt man in Mailand, um ein Hörnchen und einen Cappuccino zu bestellen – das **typisch italienische Frühstück**. Eines der besten der Stadt findet man an der Ecke Via Moscova/Via San Marco. Die Atmosphäre ist ein bisschen französisch. Hier kann man sich leckere Brioches, Croissants mit frischer Creme und auch Kuchen schmecken lassen und trinkt dabei *caffè* oder Cappuccino aus feinen Porzellantassen.

Via della Moscova 29 • U-Bahn M2 Moscova • +39 02/36 56 28 87 • Mo–Sa 7–20 Uhr

✳ Antica Trattoria della Pesa

Ein echter Klassiker und eines der ältesten Restaurants der Stadt. Die Gerichte machen der **lombardischen Küche** in dem historischen Gebäude, wo früher die Waren gewogen wurden, alle Ehre. Umgeben von alten Geschichten schmeckt das *risotto alla milanese* (Safranrisotto) noch mal so gut.

Viale Pasubio 10 • U-Bahn M2, M5 Garibaldi • +39 02/655 57 41 • www.anticatrattoriadellapesa.com • Mo–Sa 12.30–14.30, 19.30–22 Uhr

✳ Bar Bianco

Im Parco Sempione, zwischen Bäumen und Wiesen und zugleich mitten in der Stadt, kann man sich in einer der beliebtesten Bars von Mailand eine Pause gönnen. Am Sonntag ideal für einen entspannten und reichhaltigen **Brunch**. Die Öffnungszeiten sind wetterabhängig, also besser vorher kurz anrufen.

Parco Sempione (Eingang Via Ibsen) • U-Bahn M2 Lanza, Moscova • +39 02/ 86 99 20 26 • www.bar-bianco.com • Mai–Sept. Mo–Fr 10–1, Sa, So 10–2 Uhr, Okt.–Feb., Dez. und an kalten Tagen oft geschlossen

✳ Caffè Moca

Caffè Moca ist der richtige Namen, aber alle kennen das Lokal als *Bar delle Ragazze* – »Bar der Mädels«. Monica und Carla hatten die Nase von der Büroarbeit voll und haben eine **gemütliche, kleine Bar** eröffnet. Zwölf Sitzplätze, zwischen denen der Duft von Kaffee und Kuchen schwebt, gibt's – mehr nicht. Jeder, der reinkommt, wird aber sicherlich mal wiederkommen.

Via Cesariano 8 • +39 34/83 52 09 69 (mobil) • Mo–Fr 6.30–20, Sa, So 7.30–15 Uhr

✳ Caffè Novecento

Hinter den imposanten Fassaden der Mailänder Palazzi versteckt sich oft ein Innenhof oder Garten. Das Caffè Novecento etwa bietet seinen Gästen einen Blick in diesen unbekannten, grünen Teil der Stadt. Hier kann man frühstücken, einen **Mittagssnack** nehmen oder einfach eine Kaffeepause einlegen. Abends verwandelt es sich in eine Cocktailbar. Ein Treffpunkt für Mailänder und alle, die sie kennenlernen wollen.

Corso Como 9 • U-Bahn M2, M5 Garibaldi, Straßenbahn 29, 33, 4 Via Rosales • +39 02/36 52 42 33 • www.novecentocaffe.it • Tgl. 7–2 Uhr

✳ Cookbook

Eine »auserlesene« **Pizzeria**. Bei Cookbook schießen die Preise nicht in den Himmel, hier verabredet man sich mit Freunden oder genießt einen romanti-

Die »Antica Trattoria della Pesa«: gemütlich und einfach, ein bisschen Holz, ein paar Tische und Stühle – und das leckere Essen kommt blitzschnell. →

schen Abend. Außerdem ist Bookcrossing angesagt: Man kann sich kostenlos ein Buch aus den Bücherregalen raussuchen und ein bereits gelesenes dort lassen.

Via Cenisio 72 · Straßenbahn 12, 14 Piazza Firenze · +39 02/34 14 17 · www.cookbookmilano.com · Di–So 12–15, 19–23 Uhr

✳ Eataly

Essen und Italien gehören einfach zusammen. Jedes Kind kennt die Wörter Pizza und Spaghetti. Die Eataly-Kette hat daraus mit **Supermarkt und Restaurant** ein modernes Qualitätskonzept gemacht. 2007 wurde Eataly in Turin eröffnet, in New York oder Tokio stehen die Kunden Schlange und in Mailand ist das Unternehmen ganz groß auf fast 6000 Quadratmetern und drei Stockwerken rausgekommen. Abends gibt's manchmal Musik. Leider hat Qualität ihren Preis – doch der Eintritt ist frei, das wäre ja auch noch schöner ...

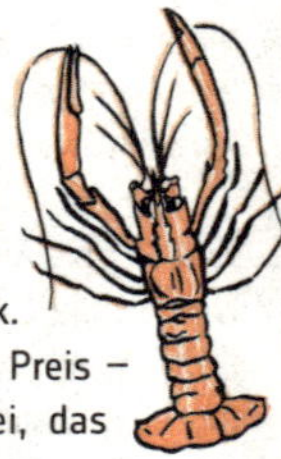

Piazza XXV Aprile 10 · U-Bahn M2 Moscova, M2, M5 Garibaldi · +39 02/49 49 73 01 · www.eataly.it · Tgl. 12–15, 19–23 Uhr

↓ Das »Caffè Novecento« hat viele Tassen im Schrank. Denn die Espressomaschine macht niemals Pause – vor allem nicht am Nachmittag.

✳ Hellenic Mythos

Dies ist ein Stück der antiken, der mediterranen Welt: ein wunderbares **griechisches Restaurant**. Ein bisschen Drängelei ist hier angesagt, das Lokal ist wirklich sehr klein. Es lohnt sich, das Essen ist traumhaft und die Preise sind (für Mailänder Verhältnisse) sehr niedrig.

Via Maurizio Quadrio 23 · U-Bahn M2, M5 Garibaldi · +39 02/29 00 18 51 · www.hellenicmythos.com · Mo–Sa 12.30–15, 18.30–23, So 18.30–23 Uhr

✳ L'Incoronata

Mutter Alessandra und Tochter Alessandra haben ihre Leidenschaft für die Gastronomie entdeckt und diese winzige Trattoria eröffnet. Das Essen ist köstlich und im Sommer stehen ein paar zusätzliche Tische draußen auf dem Corso Garibaldi. **Gute Mittelmeerküche** für einen gelungenen Abend.

Corso Giuseppe Garibaldi 127 · U-Bahn M2 Moscova · +39 02/657 06 51 · www.incoronataweb.com · Mo–Sa 19–23.30 Uhr

✳ La Fabbrica

Der Corso Como und seine teuren Restaurants sind preislich nervig und lassen manchmal die gute Laune etwas sinken. La Fabbrica unterscheidet sich von all dem Schickimicki der Gegend. Eigentlich nichts Besonderes, aber die **Pizza** ist akzeptabel, der Preis in Ordnung. Die Atmosphäre ist so nett wie die Bedienung. Ideal, um nach einem guten Essen einen Spaziergang über den Corso Como zu machen.

Viale Pasubio 2 · U-Bahn M2, M5 Garibaldi · +39 02/655 27 71 · Tgl. 12–15, 19–0 Uhr

✳ Osteria del Corso

Auf dem Corso Garibaldi kennen sie alle. Mit einem Lächeln bringt die Familie Di Vivo aus dem Cilento (Kampanien) seit 1968 ein bisschen Süden und Wärme in das manchmal kalte und graue Mailand. Das Essen ist wie zu Hause bei *Mamma* – **einfach, aber gut**. Ideal für die Mittagspause oder auch nur, um einen Kaffee zu trinken. Die Preise sind der Lage entsprechend.

↑ *Mehr als ein Restaurant und mehr als ein Laden: »Eataly« zeigt das kulinarische Italien von seiner besten Seite!*

Corso Giuseppe Garibaldi 75 · U-Bahn M2 Moscova · +39 02/659 74 41 · www.osteriadelcorso.com · Restaurant: Mo–Sa 12–15, 20–23 Uhr, Bar: Mo–Sa 7.30–16.30 Uhr

✳ Osteria dei Poeti

Dichtkunst und Essen gehören zusammen. Die Vielfalt der Sinne vereint sich in diesem Bistro, das zugleich eine Trattoria ist. Die ganze **italienische Kochtradition** findet sich hier, von der *cotoletta milanese* (dem Mailänder Schnitzel) über die *piadina romagnola* (Fladenbrot von der Adriaküste) bis hin zu den *orechiette* (Pasta-Öhrchen aus Apulien). Das Ambiente ist freundlich, die Preise sind angemessen.

Corso Giuseppe Garibaldi 40 • U-Bahn M2 Lanza, Moscova • +39 02/869 03 21 • Mo–Sa 12–14.30, 20–23 Uhr

Ottimofiore

Im Herzen von Mailands Chinatown hält eine beliebte **sizilianische Trattoria** die italienische Fahne hoch. Die Einrichtung mag einem kitschig vorkommen, dafür sind die Teller randvoll mit leckeren Speisen. Süditalienisches vom Besten: *arancini* (Reisbällchen) oder *pasta alla norma* (mit Ricottakäse) und traumhafte Desserts wie *cassatine* oder *cannoli*. Am Ende hat man ein paar Kilo zugenommen, aber die Laune ist top!

Via Bramante 26 • Straßenbahn 12, 14 Via Bramante, Via Sarpi • +39 02/33 10 12 24 • Mo–Fr 12–15.30, 17.30–23, Sa 17.30–23 Uhr

Geht gar nicht

Cappuccino nach dem Mittagessen bestellen! Nur morgens zum Frühstück oder als kleine Pause! Der Cappuccino wird nach dem Essen zwar trotzdem serviert, aber es ist fast normal, dass der Kellner etwas schief guckt.

Princi

Der Duft von frisch gebackenem Brot steigt einem schon auf der Straße in die Nase. Princi ist eine **Bäckereikette** mit Kaffeeausschank, in der es zu jeder Tageszeit frisches Brot und leckere Süßwaren gibt, ob man ein Stück Pizza oder *focaccia* für zu Hause ersteht oder sich draußen hinsetzen möchte. Während der Mittagspause braucht man allerdings Ellenbogen, wenn man nicht als letzter an der Kasse ankommen will.

Largo La Foppa 2 • U-Bahn M2 Moscova • +39 02/659 90 13 • www.princi.it • Tgl. 7–23 Uhr

Rivareno

Ein *gelato* ist zu jeder Jahreszeit gut. Im Sommer kühlt es den Gaumen, im Winter wärmt es die Seele. Aber nicht jedes Speiseeis ist so lecker wie das von Rivareno. Ohne Konservierungsstoffe und mit der frischen Milch von Kühen aus dem Piemont. Hier findet man mehr Sorten als nur Schokolade und Stracciatella. **Italienisches Eis**, das Herz und Geist jubilieren lässt.

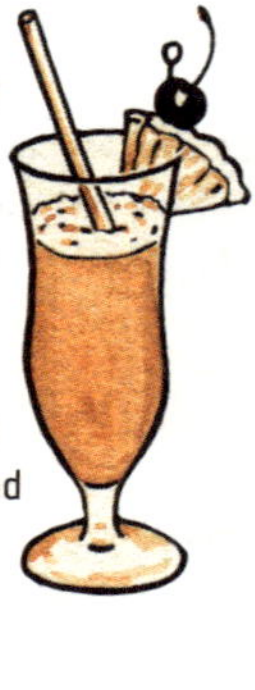

Via Paolo Sarpi 58 • Bus 43, 57 Via Canonica, Via Sarpi • +39 02/34 53 78 59 • www.rivareno.com • Tgl. 13–0 Uhr

✳ Torrefazione Moka Hodeidah

Einen guten *caffè* trinken? In Mailand bekommt man ihn (fast) überall. Aber einen »schönen« Kaffee trinken? Hodeidah ist eine **Rösterei**, in der der Kaffee wie in einer richtigen Künstlerwerkstatt hergestellt wird. Man kann ihn auch in dem gemütlichen Saal genießen. Und mehr noch: Für Schoko- und Teeliebhaber ist es eine der besten Adressen der Stadt.

Piero della Francesca 8 • Bus 43, 57, 37 Piazza Gramsci • +39 02/34 24 72 • www.hodeidah.it • Mo–Sa 7–19.30, im Dezember auch So 9–13, 15–19 Uhr

✳ Tre Chicchere

»Gnum, gnum!«, sagen die Italiener, wenn es schmeckt. Unwiderstehlich ist diese ***pasticceria***. Die Leckerbissen, ob süß oder salzig, verzaubern jeden Gaumen. Ein gemütliches, aber sehr gediegenes Lokal im Isola-Viertel, das (manchmal mit Jazzmusik) ein entspanntes Ambiente weit weg vom Lärm der Stadt bietet.

Via Antonio Boltraffio 12 • U-Bahn M3 Zara • +39 02/69 00 72 48 • www.tre chicchere.com • Mo 8–15, Di–So 8–19 Uhr

✳ Volemose Bene

»Quanto sei bella Roma«, oh wie schön ist Rom. Auch in Mailand gibt es einen Ort, an dem man der italienischen Hauptstadt nah sein kann.

Beim Reingehen ist man schon angekommen: Die Tischdecken haben farbige Schachbrettmuster, man sitzt auf Strohstühlen und an den Wänden hängen Knoblauchketten. Die Gäste sind gut gelaunt, laut und warm ist die Atmosphäre. Die Gerichte? Die **Klassiker** natürlich: *carbonara amatriciana* und *costolette d'abacchio*. Lecker!

Via della Moscova 25 • U-Bahn M2 Moscova • +39 02/36 55 96 18 • www.volemosebenemilano.it • Tgl. 12.15–14.30, 19.30–23.30 Uhr

Wellness

Das größte Angebot an Wellness findet man in Mailands zentralem Stadtpark. Im Parco Sempione kann man joggen oder einfach auf den grünen Wiesen und im Schatten der Bäume chillen. Im Sommer zwischen lachenden Kindern und spielenden Hunden mit einem Eis herumzuschlendern, kann dem Wohlbefinden nur gut tun. Wer aber gezielt etwas für sich tun möchte, muss sich ein wenig umschauen. Die Schönheitsstudios sind eher für Stammkunden geeignet. Trotzdem kann man sich, vor allem in der Gegend um den Park herum, sehr gut massieren lassen oder das einzige russische Bad in Mailand besuchen.

* Ayurvedic Point

Geist, Seele und Körper müssen ein Gleichgewicht finden. Dieser asiatischer Gedanke kommt auch in Europa immer mehr an. Hier werden alle typischen **ayurvedischen Behandlungen** angeboten, wie Ganzkörper- oder nur Hand- und Fußmassagen. Seminare und professionelle Kurse werden ebenfalls organisiert.

Corso Sempione 63 • Straßenbahn 1 Arco della Pace • +39 02/39 26 57 98 • www.ayurvedicpoint.it • Mo–Fr 9–18.30 Uhr

Don't miss

Den Monte Stella, Mailands einzigen (künstlich aufgeschütteten) Hügel! Ein bisschen außerhalb, aber gut mit der Metro zu erreichen, ist er perfekt für einen Ausflug ins Grüne. Stella war die Frau des Architekten dieses Hügels. Wie romantisch!

* B in Love

In diesem **Fitnessstudio** kümmert man sich mit einem ganzheitlichen Wellnesskonzept um seine Besucher. Die Gründer wollten einen Ort schaffen, an dem man sich dem alltäglichen Stress entziehen kann. Wie? Durch drei einfache Elemente: körperliche Bewegung, gesunde Ernährung und soziale Kontakte. Jacuzziwannen, ein Café und Fitnessgeräte erwarten einen hier.

Corso Sempione 10 • Bus 57 Via Prina, Corso Sempione • +39 02/89 70 21 00/101 • www.binlove.it • Mo–Fr 7–23, Sa, So 10–19 Uhr

Bagno Russo

Ganz schön heiß, aber gesund! Man muss ein wenig Zeit mitbringen, denn das Treatment dauert zwei ganze Stunden. Im Mittelpunkt steht ein »leichtes« **Dampfbad**. Das Wasser fließt dabei über 500 Grad heiße Steine. Zum Glück sind kalte Duschen zwischendurch angesagt. Nach einem Peeling und verschiedenen *impacchi* (Körperpackungen) bekommt man einen frischen Tee oder Saft serviert. Besser vorbuchen!

Via Luigi Cagnola 12 • Bus 43, 57, Straßenbahn 1 Arco della Pace • +39 02/ 349 10 57 • www.bagnorusso.it • Mo 16.45–18.45, 19–21, Di–Sa 11–13, 14–16, 16.45–18.45, 19–21, So 11–13, 14–16, 16.45–18.45 Uhr

Beauty Trefor

Sich selbst ein bisschen lieb haben und verwöhnen lassen hilft, in einer chaotischen Stadt wie Mailand zu überleben. Beauty Trefor ist kein einfaches Wellness-Studio, es ist mit seinen tollen Treatments, vom **Gesichts- und Körperpeeling** bis zu den Massagen eine Oase. Die DIVA-Massage ist unwiderstehlich, man wird richtig durchgeknetet und kann dann in einen erholsamen Schlaf sinken.

Via Tommasso Agudio 4 • Straßenbahn 1 Domodossola • +39 02/ 34 53 41 57 • www.beautytrefor.it • Di–Fr 10–20, Sa 10–18 Uhr

Estetica Naturale di Cozzi Rossella

Ein Entspannungstee steht schon als Willkommensgruß bereit. Sanfte New-Age-Musik prägt das Ambiente, in dem man den täglichen Stress hinter sich lassen kann. Neben dem **klassischen Wellnessangebot** haben die Profi-Frauen von Estetica Cozzi auch einen bioenergetischen Test im Programm, um eventuelle energetische Disharmonien durch Diäten und Massagen wieder ins Gleichgewicht zu bringen.

Bastioni di Porta Volta 9 • U-Bahn Moscova M2 • +39 02/6 57 08 47 • www.esteticanaturalemilano.com • Di–Sa 9–19.30 Uhr

Massaggiarte

Massaggiarte ist nicht nur ein Ort, sondern vor allem ein Konzept. Die Gründerin Laura Macchi beweist hier, dass Massage eine Kunst sein kann. **Ayurveda-Massagen** und Reinigungstechniken werden hier mit Leidenschaft und Professionalität ausgeführt. Bereits nach einer Stunde bereitet sich ein Gefühl des Wohlseins aus und der Körper entwickelt neue Energien. Zum harmonischen Ambiente gehört ein kleiner Innengarten.

Via Statuto 13 • U-Bahn M2 Moscova • +39 02/45 54 87 21 • www.massaggiarte.com • Mo–Sa 10–19 Uhr

Ausgehen

Der Corso Como gehört wohl zu den elegantesten Ausgehvierteln Mailands. Hier ist das sogenannte »Milano da bere« entstanden – was man frei mit Yuppie-Mailand übersetzen könnte. Dieser Begriff kommt aus der Zeit, als sich in Mailand im wirtschaftlichen Boom der 1980er- und 1990er-Jahre die Konsum- und Vergnügungslust aufsteigender sozialer Klassen Raum schuf. Heute sieht es ein wenig anders aus. Sicherlich bleibt der Corso Como Symbol für den Wohlstand eines Fashion-Mailands. Jedoch hat das Isola-Viertel in den vergangenen Jahren mit vielen neuen Lokalen Mailand eine andere Seite gezeigt. Es lohnt sich, beide Seiten der Stadt kennenzulernen und sich seine eigene Meinung zu bilden. An Möglichkeiten für einen Cocktail oder Aperitif wie auch zum Austoben in einer Disko fehlt es in diesen Stadtteilen sicherlich nicht!

* Ajo Blanco

Wenn einem Pasta und Pizza und all die traumhaften italienischen Gerichte über sind, kann man es ja mal mit spanischen versuchen. Im Ajo Blanco bringen **Tapas** die iberische Esskultur nach Italien. Die Gerichte sind preiswert. Es kommt zwar nicht viel auf den Teller, aber es reicht, um den ersten Hunger zu stillen. Dazu ein *chupito*, z. B. mit dem leckeren Rum mit Honiggeschmack von den Kanaren.

Via Thaon de Revel 9/a • U-Bahn M3 Zara • + 39 02/668 65 77 • www.ajoblanco.it • Di–So 18–2 Uhr

* Alcatraz

Alcatraz, das ist vor allem Musik, aber es ist auch Mode, Kunst und Events. Ein bisschen außerhalb gelegen, verwandelt sich Mailands berühmtester Konzertraum am Wochenende in eine der beliebtesten **Diskos** der Stadt. Hier geht's richtig ab ... Drei Säle mit

Don't miss

Das neue Mailänder Viertel Isola. Ein Bier kostet hier nur 3,50 Euro anstatt 5 Euro! Schickimicki ist es nicht, aber man trifft auf normale Menschen. Die gibt's in Mailand auch!

unterschiedlicher Musik. Während der Woche geben hier Weltstars Konzerte, aber dafür muss man Monate vorher schon Karten kaufen!

Via Valtellina 25 · U-Bahn M3 Maciacchini, Straßenbahn 2, 4, Via Farini, Viale Stelvio · +39 02/69 01 63 52 · www.alcatrazmilano.it · Tgl. 23–4 Uhr

Bhangrabar

Wie der Namen schon verrät, ist hier alles **indisch** gestylt. Das Lokal liegt am Corso Sempione. Genau wie in den anderen Bars ringsherum kann man hier feiern, trinken und sich des Lebens freuen. Die Bhangrabar spielt jeden Abend Musik und organisiert Events wie Theaterstücke und Ausstellungen. Sehr zu empfehlen: die Happy Hour. Die Preise sind angemessen.

Corso Sempione 1 · U-Bahn M1 Cadorna, Cairoli, Straßenbahn 1, 19 Arco della Pace · +39 02/34 93 44 69 · www.bhangrabar.it · Mo–Sa 12–15, 18–2, So 12–15 Uhr

Cantine Isola

Ein Glas Wein bitte? Die kleine traditionelle **Önothek** liegt mitten im Chinesenviertel, ist aber uritalienisch. Seit vielen Jahren wird sie mit Leidenschaft geführt. Sie ist eine Alternative zu manch ultramodernen und minimalistischen Cocktailbars. Viel Platz zum Hinsetzen gibt es zwar nicht, aber mit einem Glas Wein in der Hand in dem engen Lokal (oder davor) zu stehen, fördert die Kommunikation.

Via Paolo Sarpi 30 · Bus 57, 43 Via Canonica, Via Sarpi · +39 02/331 52 49 · Mo–Sa 10–22, So 10–14, 16–22 Uhr

Capra e Cavoli

Oh, wie intim und romantisch! Auf den ersten Blick sieht es wie in einem Märchen aus. Alles ist putzig klein, es gibt Pflanzen und Lichter in einem wunderschönen Gartenloft. Hier weiß man, was auf den Tisch kommt, denn die Küche steht den Gästen offen. Für Veganer und Vegetarier gibt es besondere Gerichte. Zum Abendessen ist es ein wenig teuer. Aber der **Aperitif**, mit einer tollen Mojito-Auswahl, ist perfekt.

Via Pastrengo 18 · U-Bahn M2, M5 Garibaldi · +39 02/87 06 60 93 · www.capraecavolimilano.it · Di–Fr 16–0, Sa 11–0, So 11–15 Uhr

Deseo

Angesagt und immer voll. Das Deseo ist einer der Meeting-Points für alle, die gerne auffallen und **tanzen**. Mit der Hand hält man den Cocktail, mit den Augen flirtet man. Hier werden schicke Mädels sogar zum Tanzen aufgefordert. Nicht immer handelt es sich um Prin-

Ein Elefant und bunte Farben – und schon ist man in Indien. Das Büffet der »Bhangrabar« bietet neben indischen auch klassische italienische Leckereien.

zen, ein Paar Frösche sind auch dabei. Man darf ruhig *No* sagen.

Corso Sempione 2 · Straßenbahn 1 Arco della Pace · +39 02/31 51 64 · www.deseo.playfun.tv · Tgl. 8–2 Uhr

✳ Freak Bar

Dieses kleine Lokal unterscheidet sich ein wenig von den anderen schicken Bars der Gegend. Die Einrichtung im Stil der 1970er-Jahre verrät Geschmack für Kunst und Design. Es finden auch **DJ-Sets mit alternativer Musik** sowie Ausstellungen statt. Events zu Wellnessthemen und Buchvorstellungen gibt's ebenso.

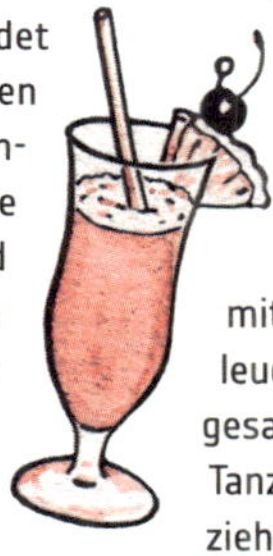

Via Agostino Bertani 16 · Straßenbahn 1 Arco della Pace · +39 02/34 50 41 11 64 · Tgl. 18.30–3 Uhr

✳ Frida

Um 18 Uhr geht's los! **Musik, Leute, *chiacchiere*** (lockere Unterhaltungen). Im Sommer kann man sich gelassen im Hof neben andere an einen Tisch setzen. Vielleicht freundet man sich ja an. Auf der Karte stehen 80 verschiedene Cocktails, Bier gibt es natürlich auch. Die Atmosphäre ist locker, ohne elegante Kleidung oder Armani-Angeber. Sehr empfehlenswert, vor allem, wenn man vom Mailänder Schickimicki die Nase voll hat.

Via Pollaiuolo 3 · M2, M5 Garibaldi, M5 Isola, Bus 33, Straßenbahn 7 Via Porro Lambertenghi · +39 02/68 02 60 · www.fridaisola.it · Mo–Fr 10–15, 18–2, Sa 16–2, So 12–1 Uhr

✳ Gattopardo

In einer Kirche tanzen und Party machen? Im Gattopardo Café ist das möglich. Eine **Disko**, die auch für Galaabende oder als Filmset gemietet wird. Kein Wunder bei dem eindrucksvollen Saal mit Kuppel und vornehmem Kronleuchter. Eleganz und Stil sind hier angesagt. Gut für einen Aperitif und zum Tanzen. Aufpassen, wie man sich anzieht!

Via Piero della Francesca 47 · Straßenbahn 1 Corso Sempione Via Arona · +39 02/34 53 76 99 · www.ilgattopardocafe.com · Tgl. 18–5 Uhr

✳ Hollywood

Disko! Disko! Disko! Jeder Mailänder war einmal in seinem Leben schon mal im Hollywood. Teenager- und Touristenclub. Hier wird auf engem Raum getanzt. Nichts für Mädels, die an Klaustrophobie leiden. Der Schuppen wirkt vielleicht ein bisschen heruntergekommen, ist aber dafür ziemlich billig. Während der Woche hingehen, am Wochenende ist es das reinste Schlachtfeld.

Corso Como 15 · U-Bahn M2, M5 Garibaldi · +39 32/81 51 92 88 · www.discotecahollywood.it · Di–Sa 23–4, So 21.30–4 Uhr

✳ Jazz Cafē

Jazzmusik hört man nicht so viel in diesem Lokal, aber das interessiert wohl keinen. Denn das Jazz Cafē ist eines der Top-Fashion-Lokale in Mailand. Es bietet seinen Gästen **verschiedene DJ-Sets** an, damit es nie langweilig wird. Jeden Mittwochabend sind brasilianische Tänze angesagt, am Donnerstag Hip-Hop. Der Aperitif ist auch klasse!

Corso Sempione 8 · Straßenbahn 1 Arco della Pace · +39 02/33 60 40 39 · www.jazzcafemilano.com · Tgl. 8.30–2, So 11–15 Uhr (Brunch)

✳ Kitsch Bar

Ganz in Pink. Perfekt, um mit einer Freundin einen **Aperitif** zu nehmen. Hier herrscht gute Laune und man findet ein bisschen weniger Mailänder *snobismo*, obwohl es zu den Lokalen am Corso Sempione gehört. Es wird getrunken, gegessen und getanzt. Bei schönem Wetter kann man draußen sitzen und die Nightlife-Atmosphäre um sich herum genießen.

Corso Sempione 5 · Straßenbahn 1 Arco della Pace · +39 02/33 10 37 88 · www.kitschbar.it · Mo–Sa 18–2 Uhr

✳ Living

Klassische **Lounge-Bar** mit einer wirklich phänomenalen Atmosphäre. Nur zwei Schritte vom Arco della Pace entfernt. Im Inneren gibt es wenige, aber sehr elegante kleine Sofas und Sessel, auf denen man mit aller Gelassenheit morgens Cappuccino und abends seinen Cocktail trinkt. Im Sommer ist es richtig toll. Der Garten ist riesig und ein toller Ort, um einen eleganten Abend zu verbringen.

Piazza Sempione 2 · Straßenbahn 1, 19 Arco della Pace · +39 02/33 10 08 24 · www.livingmilano.com · Tgl. 8–2 Uhr

✳ LoolaPaloosa

LoolaPaloosa heißt im Englischen Freude und Spaß. Seit 20 Jahren »loolapaloosieren« hier Mailänder und internationales Publikum. Ideal um einen guten Aperitif zu trinken oder auch um **die ganze Nacht durchzufeiern**. Hier wird auf den Tischen getanzt und auf die Pauke gehauen. Im Sommer zieht der Garten noch mehr Gäste an.

Corso Como 15 • U-Bahn M2, M5 Garibaldi • +39 02/655 56 93 • www.loolapaloosa.sparklingmilano.com • Mo–Fr 14–5, Sa, So 18–5 Uhr

✳ Opera 33

Ein Lokal mit einem echten Theater, das sieht man nicht so oft. Es fängt schon bei der ausgefallenen, kulissenartigen Einrichtung an. Wie von Zauberhand verändert sie sich fast jedes Wochenende, wegen der vielen **Themenpartys**. Opera 33 weicht ein bisschen vom Mailänder Standard ab, ideal also, um einen wirklich alternativen Abend zu verbringen.

Via Carlo Farini 33 • Straßenbahn 2 Via Farini, Via Alserio • +39 33/83 56 61 77 (mobil) • Tgl. 18.30–2 Uhr

✳ Radetzky

Für Mailänder braucht diese Bar keine weiteren Erläuterungen. Das ist der Checkpoint des **Young & Fashion Milano**: Models, Fotografen, Designer. Ab 19 Uhr ist hier ein ständiges via-vai, ein Kommen und Gehen von Fashion Victims, die einen Spritz, Negroni oder Mojito schlürfen, während sie sich selbst inszenieren und die neuesten Modetrends vorführen.

Corso Garibaldi 105 • U-Bahn M2 Moscova • www.radetzkycafe.com • +39 02/6 57 26 45 • Tgl. 8–1 Uhr

✳ Sempione Cafè

Rot ist die Farbe der Liebe, der Leidenschaft und des Sempione Cafès. In einem eleganten und minimalistischen Ambiente gibt es **Karaoke**, Jazzmusik oder Dance Music der 1970/80er-Jahre. Montags kostet der Drink für Mädels nur fünf Euro, vielleicht sind dann deswegen so viele Models dort zu sehen.

Via Agostino Bertani 2 • Straßenbahn 1 Arco della Pace • +39 02/31 80 08 69 • Tgl. 7–3 Uhr

✳ Tocqueville

Der Corso Como ist zum Feiern da, das müsste jetzt wohl klar sein. Auch im Tocqueville geht's richtig ab. Die 1200-Quadratmeter-Fläche verteilt sich auf zwei Ebenen und bietet Raum für **unterschiedliche Events**. Bei allen Mailändern sehr beliebt, fein und fashion. Garderobe? Nur das Beste vom Besten.

Via Alessio di Tocqueville 13 • U-Bahn M2, M5 Garibaldi • +39 02/89 69 04 57 • www.tocqueville13.it • Di–Sa 22–5 Uhr

Übernachten

Eine Übernachtungsmöglichkeit in Mailand zu finden ist wirklich nicht leicht. Eigentlich ist das ein Paradox, denn die Stadt ist voller Hotels. Viele gehören jedoch entweder der gehobenen Klasse an oder sind auf den Businesskunden zugeschnitten. Den Frauengeschmack treffen wenige. Aber wer sucht, der findet etwas bei den Bed & Breakfasts. Das »Gogol Ostello« ist zum Beispiel eine hübsche Unterkunft, die nicht nur preislich interessant ist. Es gibt natürlich noch etwas zwischen dem Luxus der Fünf-Sterne-Hotels und der Bleibe mit Vierer- und Sechserzimmern. Wie das »Hotel Mozart« und das »Enterprise«, in denen die 100 Euro pro Nacht für Mailänder Verhältnisse noch ganz akzeptabel sind.

AC Milano

Zwei Schritte vom Corso Garibaldi (und vom Bahnhof) entfernt liegt dieses **Vier-Sterne-Hotel**. Wer auf guten Service Wert legt, kann sich in den eleganten und modernen Räumlichkeiten wohlfühlen. Das Beste sind wohl das Fitnessstudio und das Restaurant, das auch Diätküche anbietet.

Via Enrico Tazzoli 2 • Straßenbahn 2 Via Farini, Via Ferrari • +39 02/ 20 42 42 11 • www.ac-hotels.com, www.mariott.it • EZ/DZ ab 150 €/170 €

Best Western Hotel Mozart

Jugendstil ist hier angesagt. Blumenmotive und buntes Glas begrüßen bereits den ankommenden Gast. Die Zimmer leuchten in hellen Farben. Das Ambiente ist entspannend, obwohl dieses **Vier-Sterne-Hotel** Ziel vieler Frauen und Männer aus dem Business ist. Rechtzeitiges Buchen garantiert Rabatt!

Piazza Gerusalemme 6 • Bus 43 Domodossola • +39 02/33 10 42 15 • www.hotel-mozartmilano.it • EZ/DZ ab 106 €/135 €

Carlyle Brera

Zentrale Lage unweit der U-Bahnstation Moscova. Ein **Vier-Sterne-Hotel**, ideal für jede Art von Besucher. Mit »Kissen à la carte« – der Gast kann aus einer »Liste« auswählen, worauf er den Kopf betten möchte. Für Kinder unter zehn, die im Bett der Eltern schlafen, zahlt man nichts. Ein Restaurant mit schönem Innenhof krönt den Aufenthalt.

Corso Giuseppe Garibaldi 84 • U-Bahn M2 Moscova • +39 02/29 00 38 88 • EZ/DZ ab 160 €/188 €

✳ Gogol'Ostello

Günstig. Praktisch und hübsch. Gogol Ostello ist ein **Low-Cost-Gasthaus**, nicht weit von Mailands Stadtpark und vom Nightlife des Corso Sempione und des Corso Como entfernt. Die sieben Zimmer haben alle ein eigenes Bad. Das Haus bietet außerdem einen Fahrradverleih, Babysitter und *book exchange* an. Ein kleines literarisches Café ist auch dabei. Auch für den schmalen Geldbeutel geeignet.

Via Chieti 1 • Bus 43 Via Piero della Francesca, Via Losanna • +39 02/ 36 75 55 22 • www.gogolostello.it • DZ 40 €, 4-Bett-Zimmer 30 €, 6-Bett-Zimmer 28 (Preise pro Person)

✳ Enterprise

Ein modernes **Vier-Sterne-Designhotel** unweit der innerstädtischen Messe. Die Zimmer (drei Kategorien) sind elegant und mit allem Komfort ausgestattet. Das Hotel bietet auch Lofts, Einzel- und- Zweizimmerappartements an. Zum Service gehören unter anderem ein Fitnessstudio und ein Shuttlebus zum Messegelände.

↑ *Der Tag neigt sich dem Ende und man kehrt heim ins »Gogol'Ostello« mit seinen heimeligen bunten Gardinen.*

Corso Sempione 91 • Straßenbahn 1 Piazza Firenze • +39 02/31 81 81 • www.enterprisehotel.com • EZ/DZ ab 130 €

✳ UNA Hotel Tocq

Im Herzen des Mailänder Ausgehviertels, gleich hinter der berühmten Disko »Tocqueville«, liegt das **Vier-Sterne-Hotel** der UNA-Kette mit drei Zimmerkategorien. Eine gute Lage, egal, wohin man möchte. Für Sportliche gibt es ein Fitnessstudio. Das Zentrum ist bequem zu Fuß erreichbar, das Haus ist also auch für nicht so sportliche Gäste geeignet.

Via A. De Tocqueville 7d • U-Bahn M2, M5 Garibaldi • +39 02/62 07 1 • www.unahotels.it • EZ/DZ ab 119 €/198 €

Der Nordosten

Von der Porta Venezia
bis ins Bicocca-Viertel –
das authentischste Mailand

Ab der Piazza San Babila schwindet der Glanz der Stadt immer mehr. Von der Piazzale Loreto bis hin zum Bicocca-Viertel zeigen sich hässliche Vorstadtstraßen, aber auch die arbeitsame und volkstümliche Seite Mailands. Und der Versuch, mit klotzigen Neubauten zu beleben, was nach der Schließung von Industriebetrieben verschwunden war. Jede U-Bahnstation hält ein kleines Zentrum zusammen, was diese etwas kuriose Gegend kennzeichnet.

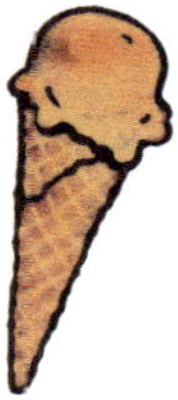

Rund um den Corso Venezia bis zur Porta Venezia geht es stilvoll zu. Die Giardini Pubblici, die Anlagen des alten Stadtparks, sind das Herz dieser Gegend. Die um sie herum »gewachsenen« Jugendstilgebäude, die man noch in den Seitenstraßen am Anfang des Corso Buenos Aires finden kann, geben der Gegend einen elegant-frechen Touch. Viele Kulturen tummeln sich hinter der Porta Venezia an fast jeder Ecke. In den Nebenstraßen sieht es schon anders aus: Hier verliert der Stadtteil seinen Reiz und Kebabläden, billige Absteigen und ein großer Markt mischen sich mit dem kleinbürgerlichen Mailand. Das noch unter Mussolini errichtete Gebäude des Hauptbahnhofs lässt von außen nichts Gutes erahnen, dennoch ist das architektonische Monstrum (zugleich ein Einkaufszentrum) sehenswert.

Durch die Seitenstraßen kommt man bis zur berüchtigten Piazzale Loreto, wo 1945 der zuvor erschossene Mussolini an einer Tankstelle aufgehängt wurde. Historisch ist das ein wichtiger Platz Mailands, aber heute vielleicht auch einer seiner hässlichsten. Schöne kleine Villen, manche mit eigenem Garten, zeigen sich erst danach wieder Richtung Piazza Piola und deuten auf eine etwas bürgerlichere Gegend hin. Gleich um die Ecke liegt das Politecnico di Milano, die technische Universität. Wer sich bis ins Bicocca-Viertel und das Gelände der dortigen Universität vorwagt, darf gerne die armen Studenten wegen der hässlich-modernen Umgebung bedauern.

Kultur
Shopping
Restaurant
Wellness
Ausgehen
Übernachten
N
0
200 m
Teatro degli Arcimboldi
Hangar-Bicocca
Sio Cafe
Mercato del Pesce
Museo del Manifesto Cinematografico Milano
Sondrio
Albert
Stazione Centrale
Piazza IV Novembre
Piazza Luigi di Savoia
Caiazzo
Gioia
Grattacielo Pirelli (Reg. Lombardia)
Piazza Duca d'Aosta
Centrale F.S.
Auriga
Hotel Berna
Frijenno Magnanno
Calzedonia
Conbipel
Lush
Mistral
Bassetti
Lima
Pause
Feltrinelli
Intimissimi
MUJI
Casa-Museo Boschi Stefani
Ricci
Osteria del Treno
Repubblica
Atomic Bar
Pavè
b:free
Mint Garden Café
Zucchero Filato
Alhambra
Vinile
Pasticceria San Gregorio
Galleria Bianconi
Il cammino del benessere
Il Caffè Ambrosiano
Stroili Oro
hado spa
Mandarina Duck
Centro Medico Juva
Mono
I Malavoglia
Frank
Radicetonda
Blanco
Città del sole
Porta Venezia
La Teiera Eclettica
Lisa Corti
Giardini Pubblici
Spazio Oberdan
Estetica Muy Bella
Dondup
La Locanda del Pino
Turati
Planetario di Milano
Porta Venezia
Indro Montanelli
Padiglione d'Arte Contemporanea
h club diana
Museo di Storia Naturale di Milano
Galleria d'Arte Moderna
Palazzo Serbelloni
Palestro
Bar Martini
NeroGiardino, Nomination
Nottingham Forest
Via Melchiorre Gioia
Viale Sondrio
Via Vittor Pisani
Corso Buenos Aires
Viale Vittorio Veneto
Via Benedetto Marcello
Vle. Luigi Majno
Viale Piave
Corso Venezia
Via Fatebenefratelli
Via Manin
Via Galileo Galilei

Jumpin' Jazz
Il Girasole
Pasteur
Seven Heaven
Capoverde
Trattoria Mirta
Moscow Mule
Udine
Stazione Lambrate
Stazione Lambrate F.S.
Lambrate FS
20134 Lambrate
Rosso Segnale
Viatnamonamour
Piola
Piazzale G. Piola
Bronzino House
Hammam della Rosa
B&B Belcanto
Blender
Althea
Palestra
Politecnico
Piazza Leonardo da Vinci
Città degli Studi
Largo Volontari del Sangue
Piazza Monte Titano
Piazza Enrico Bottini
Piazza F. Durante
Piazza Ermete Novelli
Piazzale Udine
Viale Monza
Viale Lombardia
Viale Romagna
Viale Gran Sasso
Via Padova
Via Leoncavallo
Via Porpora
Via Vallazze
Via Giovanni Pacini
Via Pascoli
Via Giuseppe Ponzio
Via Giuseppe Colombo
Via Ampère
Via Teodosio
Via Casoretto
Via Adolfo Wildt
Via Rovereto
Via Pietro Crespi
Via Luigi Pasteur
Via Andrea Costa
Via Carlo Valvassori Peroni
Via Giovanni Battista Viotti
Via Rodano
Via Camillo Golgi
Via Edoardo Bonardi
Via Giovanni Celoria
Via Mangiagalli
Via Giacomo Venezian
Via Augusto Vanzetti
Via Gaetano Strambio
Via Giovanni Antonio Amadeo
Via Moretto da Brescia
Via Carlo Forlanini
Via Vigilio Inama
Via Filippino Tajani
Via Teodosio
Via Ludovico D'Aragona
Via Emilio Olivari
Via Pordenone
Via Bernardino Bellincione
Via Monfalcone
Via Mestre
Via Deruta
Via Sangro
Via Ruggero Ruggeri
Via Boves
Via Leon. Cambini
Via Carlo Esterle
Via Angelo Mosso
Via Clitumno
Via Arquà
Via G. Chávez
Via Ruggero
Via Luigi Mancinelli
Via Lambrate
Via Accademia
Via Andrea Maria Ampère
Via Nicolò Jommelli
Via Alfredo Catalani
Via Luigi Boccherini
Via Giovanni Lulli
Via Antonio Sacchini
Via Giovanni Ricordi
Via Benvenuto Garofalo
Via Sansovino
Via Donatello
Via Filippino Lippi
Via Pinturicchio
Via Bronzino
Via Giuseppe Luosi
Via Antonio Bazzini
Via Felice Poggi
Via della Sila
Via Fossati
V. Giuseppe Zanoia
V. Giovanni Milani
V. Antonio Vallisneri
V. Ambrogio Campiglio
Via Alfonso Corti
Via Edoardo Bassini
Via Celeste Clericetti
Via Carlo Fascal
Via Cesare Bonfin
V. degli Orombelli
Via Desiderio
V. Astolfo
V. Bottesini
V. Viminale
Via Eugenio Carpi
Via Monte Nevoso
Via Abano
Via Plezzo
Via Emilio Treves
Via Ronchi
Via Staro
Via Carnia
Via Tolmezzo
Via Guido Mazzali
Via Siusi
V. Cambiasi
Via M. Bianco
Via Benedetto Spinoza
Via Villani
Via Enrico Noè
V. Renato Fucini
Via Plinio
Via Luigi Luzzati
Via Guido Reni
Via Cesare Saldini
Via Sangallo
Via Gaspare Aselli
Via Paolo Gorini
Via Beato Angelico
Via Andrea Verrocchio
Via Vanvitelli
Via del Sarto
Via Juvara
Via Gian Battista Tiepolo
Via Gaio
V. D. Carnaghi
Modena
V. Riccardo Arnò
V. Caruso
Via Milesi
Via Predil
Santo Spirito
S. Gabriele Arc.
Via dei Transiti
Via Termopili
Via Marco Aurelio
Via Giuseppe Giacosa
Via Francesco Predabissi
Via Marco d'Aviano
V. Stefano Canzio
Giuseppe Pecchio
V. Giovanni Pascoli
S. Luca

Kultur

Ein Künstlermagnet ist es sicher nicht, das Viertel um den Corso Buenos Aires herum, jedoch bevölkern Kunstliebhaber die Gegend. Um die Giardini Pubblici herum zeigt sich Mailand von seiner schönsten Seite, angefangen beim Park selbst. Hier kann man im Planetarium Sterne bestaunen oder im Naturkundemuseum mehr über Dinosaurier erfahren. Der Ausstellungspavillon PAC liegt direkt neben der Villa Belgioioso Napoleone mit ihrer Sammlung von Kunst des 19. Jahrhunderts. Und wer immer noch mehr möchte, wird eingeladen, sich in der Museumswohnung Casa Boschi di Stefano auf eine Zeitreise zu begeben und in das Leben reicher Mailänderinnen hinein zu träumen.

✳ Casa-Museo Boschi Di Stefano

In dieser **Museumswohnung** aus den 1930er-Jahren hat man das Gefühl, dass die Bewohner nur mal kurz rausgegangen sind. Ein Ehepaar mit einer romantischen Geschichte: Er Ingenieur, sie Keramikerin, waren vereint in der Leidenschaft, Kunst zu sammeln. Als sie starb, hörte er damit auf. Heute kann man die Kunstwerke, besonders aus der ersten Hälfte des 20. Jahrhunderts (Arbeiten u. a. von Savinio, de Chirico oder Fontana), und die Möbelstücke in der Wohnung kostenlos besichtigen.

Via Giorgio Jan 15 • U-Bahn M1 Lima, Straßenbahn 33, Bus 60 Via Plinio Piazzale Bacone • +39 02/74 28 10 00 • www.fondazioneboschidistefano.it • Di–So 10–18 Uhr

Don't miss

Die tollen Jugendstilhäuser in der Umgebung der Porta Venezia und des Corso Buenos Aires. Es gibt welche in der Via Malpighi, der Via Frisi, der Via Pisacane und der Via Modena, alle geschmückt mit vielen Blumenmotiven.

✳ Galleria Bianconi

Mailand ist die Hauptstadt des italienischen Kunsthandels mit den wichtigsten Galerien des Landes. Im Viertel um die Porta Venezia gibt es einige besonders interessante. Die Galleria Bianconi etwa, in der Frauen wie die Gründerin Renata Bianconi das Sagen haben, zeigt **anspruchsvolle Gegenwartskunst** von italienischen und internationalen Künstlern in einem sympathisch informellen Rahmen. Hier kann man einfach wie in ein Museum eintreten, sich umsehen und wieder gehen. Und zur Vernissage gibt's natürlich ein Glas Prosecco.

Via Lecco 20 · U-Bahn M1 Porta Venezia, Lima · +39 02/22 22 83 36 · www.galleriabianconi.com · Mo–Fr 10–13, 14.30–19 Uhr

Galleria d'Arte Moderna

Das kommunale **Museum der Kunst der Moderne** ist in der wundervollen neoklassizistischen Villa Belgiojoso Bonaparte untergebracht. Die Stadtvilla des Grafen Belgiojoso mit einem herrlichen kleinen Park nutzte Napoleon als Residenz. Heute sind in den geschmackvoll restaurierten Räumen Kunstwerke des 19. Jahrhunderts sowie weitere städtischen Sammlungen zu besichtigen. Man taucht in eine Zeit ein, die, obwohl so fern, doch so nah scheint.

Via Palestro 16 · U-Bahn M1 Palestro · +39 02/88 44 59 47 · www.gam-milano.com · Di–So 9–13, 14–17.30 Uhr (letzter Einlass 30 Min. vor Schließung) · 5 €, ab 16.30 und Di ab 14 Uhr Eintritt frei

Giardini Pubblici

Der **älteste der Mailänder Stadtparks** wurde bereits Ende des 18. Jahrhunderts angelegt und später umgestaltet.

↑ Wie ein Schloss mutet die Fassade an. Hier findet man leider keinen Prinzen, aber die Galleria d'Arte Moderna bietet Kunst der Romantik.

Hohe Bäume beschatten mit ihren weiten Kronen den größten Teil der Anlage. Ideal, um spazieren zu gehen, zwischen Statuen berühmter Persönlichkeiten zu joggen oder ein Buch lesend auf einer Bank zu sitzen. Für Kinder gibt es ein Karussell, sie können auf Ponys reiten oder eine Runde mit einer Mini-Eisenbahn drehen. Hungrige werden in zwei kleinen Bars (auch mit Mittagssnack) satt.

Eingänge: Bastioni di Porta Venezia, Viale Città di Fiume, Via Daniele Manin, Piazza Cavour, Corso Venezia, Via Palestro · U-Bahn M1 Porta Venezia, Palestro, M3 Turati · www.comune.milano.it · Jan., Feb., Dez. 6.30–20, März–April, Okt. 6.30–21, Mai 6.30–22, Juni–Sept. 6.30–23.30 Uhr

HangarBicocca

Die hohen Hallen einer ehemaligen Fabrikanlage am Rande des Bicocca-Viertels im Norden der Stadt hat die Pirelli-Stiftung 2004 zu einer **Einrichtung für Gegenwartskunst** umgestaltet, die mit ihren Wechselausstellungen zu den bedeutendsten Italiens zählt. Hier sind die beeindruckenden *Sieben HimmelsPaläste* von Anselm Kiefer zu sehen. Kids werkeln in Workshops. Mit großer Bar, bei gutem Wetter auch draußen.

Via Chiese 2 • U-Bahn M5 Ponale, dann Bus 51 (Richtung Cimiano M2), Bus 87 von Centrale (Richtung Sesto Marelli M1) • Tel +39 02/66 11 15 73 • www.hangarbicocca.org • Do–So 11–23 Uhr

Museo del Manifesto Cinematografico Milano

Hinter dem Bahnhof Centrale, etwas abgelegen, können **Kinoliebhaberinnen** in der Via Gluck einen Blick in ein reizendes kleines Museum werfen. Hier dreht sich alles um Plakate, Fotos und Werbematerial von Filmen. Aus einem Bestand von 50 000 Stücken werden wechselnde Ausstellungen zusammengestellt. Materialien von Federico Fellini, Alfred Hitchcock und Stanley Kubrick. Oft gibt es Sonderveranstaltungen.

Via Gluck 45 • Bus 87 (ab Centrale), Straßenbahn 2, 5 Via Sammartini, Via Parravicini, Viale Lunigiana • +39 02/36 50 57 60 • www.museofermo immagine.it • Di–So 14–19 Uhr • 5 €

Museo di Storia Naturale di Milano

Archäologen, Paläontologen und viele andere »-ologen« (= Wissenschaftler) haben hier ihr Wissen eingebracht. Im **Naturkundemuseum** lernt man unsere Vorfahren fast persönlich kennen, zumindest ihre Skelette und ihre Lebensweise. Alles, was in der Natur vom Dinosaurier bis zum Mineral vorkommt, ist hier auf eine sympathisch antiquierte Art ausgestellt. Außerdem werden Werkstätten für Kinder organisiert.

Corso Venezia 55 • U-Bahn M1 Palestro • +39 02/88 46 33 37 • www.comune.milano.it • Di–So 9–17.30 Uhr • 5 €

Padiglione d'Arte Contemporanea (PAC)

Ursprünglich als Museum für das 20. Jahrhundert neben der Galleria dell'Arte Moderna in den 1950er-Jahren errichtet,

Don't miss

Einem Künstler ins Ohr flüstern: In der Via Serbelloni 10 befindet sich rechts vom Tor ein Ohr aus Bronze des Künstlers Adolfo Wildt. Dort kann man alle seine Sünden beichten.

Villa Necchi Campiglio: auf in die 1930er-Jahre

Eine echte Zeitreise: sich mal stilvoll wie in den Dreißigerjahren fühlen. Dazu in einer fantastischen Villa. Die großen Treppen hochsteigen oder draußen am Schwimmbecken im Garten sitzen, wie es die Besitzer einst getan haben. Die Villa Necchi Campiglio ist heute eine außergewöhnliche Museumsvilla.

Zwischen 1932 und 1935 wurde das Haus nebst Garten mit Pool und Tennisplatz mitten in der Stadt unter der Leitung des Architekten Pietro Portaluppi – zwischen den beiden Weltkriegen ein Star in Mailand – errichtet. Die Auftraggeber gehörten zum gebildeten lombardischen Großbürgertum. Gigina, Nedda und Angelo Necchi ließen Nähmaschinen produzieren – mit Erfolg und den wollten sie zeigen. So hat die Familie, wie man der Villa ansieht, keinen Cent gespart. Noch vieles ist in den lichtdurchfluteten Räumen original erhalten, von den grünen Marmorfußböden bis zur Holztäfelung (Nuss und Palisander) der Vorhalle. Auch die luxuriösen Anlagen der Küche und der Badezimmer haben sich nicht verändert. Einige Einrichtungsgegenstände wurden später durch Möbel aus dem 18. Jahrhundert ersetzt.

Nach dem Tod der letzten Besitzer übernahm die Kulturstiftung FAI (Fondo Ambiente Italiano) die Anlage und ließ sie von einem Enkel Portaluppis restaurieren. Seit 2008 ist sie der Öffentlichkeit zugänglich und enthält neben der Kunstsammlung der Necchis weitere Werke aus dem 19. und frühen 20. Jahrhundert. In dieser Oase wird man vom diskreten Charme der Mailänder Bourgeoisie gefangen genommen. Sie bildet deshalb ein traumhaftes Ambiente für Gala-Events und Fotoshootings. Wenn die Villa Necchi Campiglio nicht gerade von Blitzlichtern erleuchtet wird, ist sie eine ideale Zuflucht, um im Gartencafé einen Cappuccino oder einen Aperitif zu genießen und sich in eine andere Zeit zu träumen (www.casemuseomilano.it).

wird der PAC inzwischen als kommunales Zentrum für **Ausstellungen der Gegenwartskunst** genutzt und hat sich dabei über die Grenzen Mailands hinaus einen Namen gemacht.

Via Palestro 14 • U-Bahn M1 Palestro, M3 Turati • +39 02/88 44 63 59 • www.pacmilano.it • Di, Mi, Fr–So 9.30–19.30, Do 9.30–22.30 Uhr • 8 €

Palazzo Serbelloni

Der stolze Palazzo Serbelloni blickt seit 1783 auf den Corso Venezia und wurde schon bald ein Gasthaus für gekrönte und adelige Häupter: Napoleon, Metternich und König Vittorio Emanuele spazierten in seinen Gängen. Heute finden hier **Mode-Events und Konzerte** statt. Die Fassade, der Garten, der Innenhof und die Räumlichkeiten gehören zu den schönsten Architekturensembles des neoklassizistischen Mailands.

Corso Venezia 16 • U-Bahn M1 San Babila, Palestro • +39 02/76 00 76 87 • www.fondazioneserbelloni.com

Don't miss

Einen echten Flamingo mitten in der Stadt, in der Via Capuccini 3. Einfach durch die Gitter des Tores schielen. Da stehen Generationen der rosa Vögel schon seit 30 Jahren.

Planetario di Milano

»Il cielo è pieno di stelle«, singt ein italienisches Volkslied. Voller Sterne sei der Himmel – aber hier ist es nicht der Himmel, sondern die Kuppeldecke. In stille Parkatmosphäre gebettet liegt das **Planetarium aus den 1930er-Jahren**. Es ist relativ klein, aber die Vorführungen sind faszinierend, als ob man den echten Sternenhimmel betrachten würde, den man im auch nachts hellen und oft versmogten Mailand eigentlich nicht mehr sehen kann.

Corso Venezia 57 • U-Bahn M1 Porta Venezia • +39 02/88 46 33 40 • www.comune.milano/planetario • Sa, So 15 und 16.30 Uhr Himmelbetrachtung mit Erklärungen, Di, Do Konferenzen • 5 €

Porta Venezia

Die Anlage gehört zu **einem der sechs Stadttore** längs der Bastionen aus der spanischen Besatzungszeit Mitte des 16. Jahrhunderts, die später von den Österreichern in elegante, repräsentative Bauten umgewandelt wurden. Die Porta Venezia trennt heute den edlen Corso Venezia von der Einkaufsmeile Corso Buenos Aires. An der benachbarten Piazza Oberdan gibt es mit dem Spazio Oberdan einen Raum für Wechselausstellungen, ein Infobüro für Kulturveranstaltungen und einen Kinosaal der Kinemathek mit Filmen, gelegentlich in Originalsprache.

Porta Venezia/Piazza Oberdan • U-Bahn M1 Porta Venezia, Straßenbahn 9 Porta Venezia

✳ Spazio Oberdan

Ein **Kino für Kunstfilm**-Liebhaberinnen. Die besten Essay-Filme aus der ganzen Welt werden hier gezeigt – und oft sogar in der Originalsprache. Ob Dokumentar- oder einfache Spielfilme, für Intellektuelle wie für Liebhaber ist immer etwas dabei. Außerdem organisiert dieses Kino verschiedene Events, von Konzerten bis zu Buchvorstellungen und Konferenzen. Ideal, um den Geist anzuregen.

Viale Vittorio Veneto 2 • U-Bahn M1 Porta Venezia • +39 02/77 40 63 16 • oberdan.cinetecamilano.it • 7 €

✳ Stazione Centrale

Der mächtige, sich wie ein Gebirge auftürmende Bau geht auf Pläne aus dem Jahr 1911 zurück. Die Anlage des **Zentralbahnhofs** wurde aber mit der 207 Meter langen und 36 Meter hohen Fassade erst in den 1930er-Jahren in einer Mischung aus Art déco und Monumentalstil fertig gestellt. Sie ersetzte den alten Bahnhof an der Piazza Repubblica. Längs des heutigen Gleises 21 in der Bahnsteighalle ein Stockwerk über dem Straßenniveau kann man noch die für die Königsfamilie errichteten Ehrensäle sehen, darüber ein Mosaik, das Mussolini zeigt. Unter der Halle lag ein verstecktes Gleis 21, das während der deutschen Besatzung im Zweiten Weltkrieg für den Transport von Juden in Konzentrationslager benutzt wurde. Hier entsteht gerade eine Gedenkstätte (Memoriale della Shoah, Zugang von der Via Ferrante Aporti).

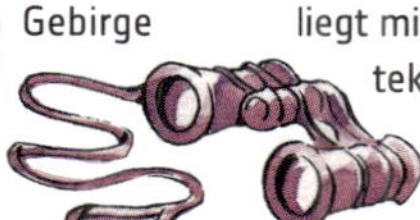

Piazza Duca D'Aosta • U-Bahn M1, M3 Centrale, Straßenbahn 5, 33, Bus 87 Stazione Centrale, Piazza Duca D'Aosta

✳ Teatro degli Arcimboldi und das Bicocca-Viertel

Das große Theater wurde 2002 eröffnet, hier fanden vier Jahre lang während der Renovierung des alten Scala-Baus die Opernaufführungen der Scala statt. Heute werden vor allem **Musicals und internationale Ballettaufführungen** gezeigt. Das Theater liegt mitten im supermodernen, architektonisch interessanten, aber kalt anmutenden Bicocca-Viertel im Norden Mailands, das ab den 1990er-Jahren anstelle eines ehemaligen Industriegebiets (u. a. Pirelli) entstanden ist. In der kühlen Pracht ist der kleine Kirschbaumhügel *(Collina dei Ciliegi)* eine grüne Oase.

Viale dell'Innovazione 20 • U-Bahn M5 Bicocca, weiter mit der Straßenbahn 7 Greco, 8, 11 Greco Pirelli • 39 02/ 641 14 22 00 • www.teatroarcimboldi.it

Shopping

Shopping und Autos? Zwei Begriffe, die nicht wirklich zusammenpassen. Doch leider gehören sie auf dem Corso Buenos Aires zusammen. Der Menge der Blechkarossen, die hier hin und her flitzen, gleicht die Menge der Menschen, die in den Geschäften ein- und ausgehen. Die längste Shoppingstraße Mailands zieht sich von der Porta Venezia bis zur Piazzale Loreto. Besonders einladend erscheint sie nicht, aber das Angebot ist sehr gut. Alle Mittelklassemarken sind hier vertreten, Zara, H&M, Benetton, Lush, Stradivarius und alles, was man sich sonst noch leisten kann. Trendy ist der Corso sicherlich und wegen der Vielfalt auch irgendwie interessant.

* 20134 Lambrate

Ein wenig außerhalb, vier Stationen mit der U-Bahn vom Hauptbahnhof entfernt, findet man fantasievolle **Kleidung der 1920er- bis 1960er-Jahre**. Manch eine hat auch schon eine Chanel-Tasche spottbillig erstanden. Wer hier einkaufen möchte, ist auf der Suche nach einem individuellen Look.

Via Conte Rosso 22 • U-Bahn M2 Lambrate • +39 02/91 53 39 92 • www.20134lambrate.it • Di–Fr 13–19, Sa 11–19 Uhr

* Bassetti

Buona notte – gute Nacht. Bassetti ist aber nicht zum Gähnen, sondern mit seiner **Bettwäsche** der Hauptlieferant für den italienischen Haushalt, für Kinder ebenso wie für Erwachsene. Die Muster sind dabei von der Natur inspiriert. Die sorgt mit stilisierten Bäumen, Wildlife-Fotos und Videos auf Großbildschirmen auch für das passende Ambiente.

Corso Buenos Aires 52 • U-Bahn M1 Lima • +39 02/29 41 10 11 • www.bassetti.com • Mo–Sa 10–19.30, So 10–13, 14–19 Uhr

* Calzedonia

Egal, ob man vom unerwarteten Regenwetter nasse Füße bekommen hat oder plötzlich die Sonne rausgekommen ist und man unbedingt ans Meer fahren möchte: Calzedonia, das Traumland der **Strümpfe** jeder Sorte, Farbe und Größe, hält immer das Passende bereit. Läden dieser Kette gibt es in der ganzen Stadt. Im Sommer wird Calzedonia zum Hauptlieferanten für Badeanzüge.

Corso Buenos Aires 65 · U-Bahn M1 Lima, M1, M2 Loreto · +39 02/ 29 40 52 33 · www.calzedonia.it · Mo–Sa 10–19.30, So 10.30–19.30 Uhr

✳ Città del sole

Ein Traum für anspruchsvolle Kinder, aber auch für verspielte Erwachsene. In dem **Spieleladen** gibt es von alten Schaukelpferden bis zu modernen Experimentierspielen alles für Jung und Alt. Es geht darum, die Fähigkeiten von Kindern zu fördern. Für Erwachsene gibt es viele neue Brettspiele zu entdecken.

Via Lazzaro Spallanzani 16 · U-Bahn M1 Porta Venezia · +39 02/29 41 23 35 · www.cittadelsole.it · Mo–Sa 10–19.30, So 11–13.30, 14.30–19 Uhr

✳ Conbipel

Nein, Haute Couture ist das nicht, aber eine hundert Prozent **italienische Marke** für Frauen, Männer und Kinder. Der Stil ist klassisch und (fast) jeder Altersgruppe angepasst. Hier findet man alles von legeren Jeans bis zu einem etwas schickeren Abendkleid. Die Preise entsprechen Mailands Niveau.

Corso Buenos Aires 64 · U-Bahn M1 Lima, M1, M2 Loreto · +39 02/ 204 68 54 · www.conbipel.com · Mo–Sa 10–20, So 10–19.30 Uhr

✳ Dondup

Die Marke kommt aus der mittelitalienischen Region Marken. Die Atmosphäre in diesem 400 Quadratmeter großen **Concept Store** wirkt dagegen französisch. Das, was früher eine Autowerkstatt war, ist jetzt Ziel von Mailändern und Touristen geworden. Im Stockwerk darüber kann man bei »Mimmo« eine Kleinigkeit wie die klassischen Spaghetti mit Tomatensauce essen. Am besten reingehen, an der Bar einen Kaffee trinken, shoppen

Die Schaufensterpuppe im »20134 Lambrate« guckt fast unglücklich aus der Wäsche, aber schon ihr Hut verspricht Vintage-Beute vom Feinsten. →

und dann nach oben ins Restaurant. Traumhaft!

Via Giuseppe Sirtori 34 · U-Bahn M1 Porta Venezia · +39 02/277 23 33 · www.dondup.it · Mo–Sa 11–22 Uhr

✳ Feltrinelli

Feltrinelli ist mit Verlag, Buchhandlungen, Musik-Shops, Filmproduktionen, TV-Sender und Restaurantbeteiligungen inzwischen ein vielseitiges Medienunternehmen geworden. Es wird von Inge Feltrinelli, einer geborenen Deutschen, geleitet. In den Mailänder Feltrinelli-Läden gibt es viele, viele **Bücher** (auch in fremden Sprachen), Schreibwaren, CDs und sogar Musikinstrumente. Außerdem findet man im Untergeschoss ein kleines Café, in dem man eine gemütliche Kaffeepause einlegen kann.

Corso Buenos Aires 33 · U-Bahn M1 Lima · +39 02/202 33 61 · www.lafeltrinelli.it · Mo–Sa 9.30–21, So 10–20 Uhr

✳ Intimissimi

Es gibt kaum ein Mädel, das vor diesem Schaufenster nicht stehen bleibt und sehnsuchtsvolle Blicke hineinwirft. Diese **Dessous** sind einfach superelegant und weiblich. Ob praktisch, fein oder provokant, Intimissimi ist der perfekte Laden für jede Frau.

Corso Buenos Aires 25 · U-Bahn M1 Lima · +39 02/29 53 12 96 · www.intimissimi.com · Mo–Sa 10–20, So 11–19.30 Uhr

✳ Lisa Corti

Ein paar Minuten vom chaotischen Corso Buenos Aires entfernt liegt die kleine und ruhige Via Lecco. In der Via

Geht gar nicht

Eine falsche Prada- oder Gucci-Tasche kaufen. Auf dem Corso Buenos Aires wimmelt es von afrikanischen Verkäufern. Legal ist das natürlich nicht! Und eine echte Mailänderin trägt sowieso nur das Original.

Lecco 2 stößt man auf ein wahres **Ethnoparadies**. Bei Lisa Corti vermischen sich italienisches Design und Fantasie mit indischen Farben und Techniken. Das Ergebnis? Wunderbare Stoffe für Einrichtungen, aber auch für Kleider, Schuhe und Schals. Ein Muss für alle Frauen mit ethno-schickem Look.

Via Lecco 2 • U-Bahn M1 Porta Venezia • +39 02/20 24 14 83 • www.lisacorti.com • Mo 15–19, Di–Sa 10–19 Uhr

↑ *An grauen Nebeltagen sind »Lisa Cortis« Stoffe die beste Therapie: Farben, Farben, Farben. Schon ein Blick ins Schaufenster macht happy!*

✳ Lush

Typisch italienisch geht anders. Aber schon auf der Straße duftet es nach Schokolade und Vanille. Hier bekommt man alles, was für eine **Top-Beautycare** notwendig ist. Körperlotionen, Massagebällchen und Gesichtsmasken aus natürlichen, handgemachten Produkten. Lush versucht, umweltfreundliches Shopping zu unterstützen. Ein Grund mehr, um etwas Gutes für sich selbst und den Planeten zu tun.

Corso Buenos Aires 58 • U-Bahn M1 Lima • 39 02/29 41 94 20 • www.lush.it • Mo–Sa 10–20, So 11–19.30 Uhr

✳ Mandarina Duck

Wer von den überteuerten Taschen im Montenapoleone-Viertel nur träumen kann, aber trotzdem mit einer **italienischen Kreation** in die Heimat zurückkehren möchte, für den könnte dieser Laden ein guter Kompromiss sein. Aus gutem Material hergestellt und mit den modernsten Designs hat Mandarina Duck eine große Auswahl an Handtaschen, Rucksäcken und vielen Accessoires. Dazu sind sie (manchmal) noch richtig preiswert!

Corso Buenos Aires 16 • U-Bahn M1 Porta Venezia • +39 33/57 35 42 20 (mobil) • www.mandarinaduck.com • Mo–Sa 10.30–19.30, So 11–19 Uhr

* Mistral

Ach, wie schön! So viel Krimskrams. Es handelt sich eigentlich um einen Schreibwarenladen. Doch der Laden ist auch prallvoll mit **Tassen, alten Werbeschildern und Schmuck**. Der originelle Stil erinnert an die Zeit der ersten Reklametafeln von Coca-Cola und Cornflakes.

Corso Buenos Aires 54 · U-Bahn M1 Lima · +39 02/29 40 49 52 · Mo–Sa 10.30–19.30, So 11–19 Uhr

* MUJI

Muji heißt auf deutsch »Billig-Laden«. Wer weiß, wie in Japan die Preise sind? Denn billig ist er sicherlich nicht. Dafür ist es ein Zauberladen für **Japan-Style**-Liebhaberinnen. Schon die sehr minimalistische Einrichtung und die wenigen Farben verraten einen schlichten, aber eleganten Stil. Bei Muji findet man alles, von Möbeln und Klamotten bis zu Schreibwaren, Kerzen und Spielen.

Corso Buenos Aires 36 · U-Bahn M1 Lima · +39 02/ 74 28 11 69 · www.muji.eu · Di–Sa 10–19.30, So, Mo 11–19.30 Uhr

* NeroGiardino

Italienische Schuhe sind auf der ganzen Welt bekannt und beliebt. In Mailand kann man nicht genug davon haben. Bei Nero Giardini ist die Auswahl groß und von feinster Qualität. Bei einem 15-Zentimeter-Absatz ist »bequem« natürlich immer relativ. Dennoch muss man hier nicht für die Eleganz leiden (das Portemonnaie einmal ausgenommen).

Corso Venezia 9 · U-Bahn M1 San Babila · +39 02/76 00 54 70 · www.nerogiardini.it · Mo–Sa 10–19.30, So 11–19 Uhr

* Nomination

Ideal, um sich selbst oder jemandem, den man gern hat, ein Geschenk zu machen. In diesem **Schmuckladen** kann man sich sein Armband selbst kreieren. Ob mit einzelnen Buchstaben, ganzen Namen oder einfach mit schönen Bildchen und Formen. Die Armbänder von Nomination sind in Mailand richtig »in«.

Einfach mal auf die Handgelenke der Mädels achten.

Corso Venezia 6 · U-Bahn M1 San Babila · +39 02/76 00 11 36 · www.nomination.it · Mo–Sa 10–19 Uhr

✳ Stroili Oro

Stroili trägt man, um noch eleganter zu wirken. Ein Muss für Fashion Victims. Hier glitzert es richtig, zwischen **Ringen, Armbändern, Ohrringen und Ketten**. Unwiderstehlich und für alle Geldbeutel erschwinglich. Armbänder von 25 bis 600 Euro. Uhren und Männerschmuck gibt es auch.

Via Felice Casati 2 · U-Bahn M1 Lima, Porta Venezia · www.stroilioro.com · +39 02/24 20 08 · Mo–Sa 10–19, So 10.30–18.30 Uhr

✳ Upim

Kaufhäuser haben es im individualistischen Italien schwer. Upim ist ein bisschen wie Karstadt in klein. Es hat nichts mit dem supereleganten »La Rinascente« zu tun und ist auch deswegen viel günstiger. Hier findet man wirklich alles, von Geschirr bis zu Klamotten. Ein in ganz Italien beliebtes **Familienkaufhaus**.

Piazzale Loreto 5 · U-Bahn M1, M2 Loreto · www.upim.it · +39 02/ 26 14 33 89 · Mo–Sa 9–20, Do 10–19 Uhr

✳ Zucchero Filato

Für süße und kreative Mädels ist Zucchero Filato ein kleiner Traumladen. Hier lernt man nähen, sticken und häkeln, wie es die Frauen schon lange Zeit vor dem Shoppingfieber machten. Außerdem findet man **Wolle, Nähaccessoires, Knöpfe** und alles, was einer Hobbyschneiderin fehlt, um ihr Werk zu vervollständigen.

Viale Tunisia 16 · U-Bahn M1 Porta Venezia · +39 02/204 74 68 · www.zucchero-filato.it · Mo–Fr 9–13, 15.30–19, Sa 9.30–12.30 Uhr

Restaurants & Cafés

Es gibt in dieser Gegend keine richtige Cafémeile, wie zum Beispiel im Brera-Viertel oder auf dem Corso Como. Aber sicherlich gibt es einige interessante und hübsche Bars und Restaurants. Man muss nur etwas suchen. Urbane Entdeckerinnen sollten nicht das »Bistrot Pavè« verpassen, das schon allein wegen der tollen Kundschaft einen Besuch wert ist. Und das »Pause«, ein tolles Lokal, versteckt hinter dem Corso Buenos Aires. Wer sich dem veganen Essen hingeben möchte, findet in diesem Stadtteil so einiges, ob Restaurants, wie »Alhambra« und »Capoverde«, oder einen Imbiss, wie »Radicetonda«. Teesorten aus aller Welt werden bei »La Teiera Eclettica« zum Kauf angeboten, wo man sie auch direkt genießen kann.

✳ Alhambra

Wer sich der **veganen Küche** verschrieben hat, kann hier ohne Probleme speisen. In diesem sympathischen Take-away-Bistro stellt man sich das Essen selbst zusammen. Der Preis hängt dann vom Gewicht ab. Die gut gewürzten Gerichte beweisen, dass Veganer zwar auf Tierprodukte verzichten, aber nicht auf Geschmack. Wenn es warm genug ist, werden ein paar Tische und Stühle auf die Straße gestellt – und den Tee gibt es umsonst.

Via San Gregorio 17 • U-Bahn M1 Porta Venezia, Lima • +39 02/39 43 27 50 • www.alhambranaturale.wix.com/alhambra • Tgl. bis 1 Uhr, 15.30–18 Uhr geschlossen

✳ Capoverde

Ein bisschen weiter oben im Norden, aber gut zu erreichen, befindet sich ein grünes und großes Restaurant. Grün sind die Pflanzen und Blumen, die man dort kaufen kann und grün ist die Energie, die sie benutzen. Das Restaurant bietet eine große Auswahl an wirklich originellen Gerichten. Jeder kann hier eingetaucht in eine Pflanzenwelt seine Pizza genießen, 100-prozentig **glutenfrei**.

Via Leoncavallo 16 • U-Bahn M1, ,M2 Loreto • +39 02/26 82 04 30 • www.capoverde.com • Mo–Sa 12.30–14.30, So–Do 18–0, Fr 18–1, Sa 18–2 Uhr

✳ Frijenno Magnanno

Pizza, Pasta und Mandolinen – ach, Neapel! Die Pizza wird natürlich im Holzofen gebacken. Klassische Gerichte der **mediterranen Küche** von der Pasta bis zum gegrillten Fisch lassen südländische Stimmung aufkommen. Und wem es richtig gut geschmeckt hat, der kann einige Produkte an Ort und Stelle auch kaufen.

Via Benedetto Marcello 93 · U-Bahn M1 Lima, Loreto, M2 Centrale, Caiazzo, Loreto · www.frijennomagnanno.it · Mo–Sa 12–14, 19–23.30 Uhr

✳ Gattō

Es geht einfach und stilvoll zu. Die Besitzer kommen aus dem sonnigen Neapel und haben ihre Leidenschaft für die gute **mediterrane Küche** mitgebracht. Vor dem Abendessen heizt das Restaurant-Bistro die Geschmacksnerven mit einem Aperitif an. Und wer vom Shoppen immer noch nicht genug hat: Eine Boutique mit Klamotten ist auch dabei.

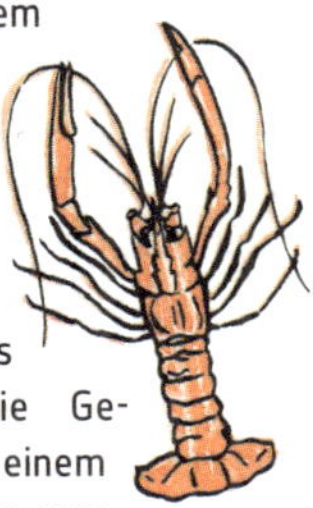

Via Castel Morrone 10 · Straßenbahn 1, 2, 5, 6, 13 Dateo · +39 02/70 00 68 70 · www.gattomilano.com · Restaurant: Mo–Sa (im Dez. auch So) 12.45–15, 19.45–23, Boutique: Mo–Sa 12–20 Uhr

↑ *Das »Capoverde« ist grün, es ist ja eigentlich auch ein Pflanzenmarkt. Hier genießt man mitten im Dschungel Speisen von Mutter Natur.*

✳ I Malavoglia

Echte **sizilianische Küche**. Sowohl in den Gerichten als auch bei der Bedienung ist die alte Kultur der süditalienischen Insel zu spüren. Das Ambiente ist elegant, die Preise sind hoch, aber es lohnt sich. Den Nachtisch nicht vergessen!

Via Lecco 4 · U-Bahn M1 Porta Venezia · +39 02/29 53 13 87 · www.ristorante-imalavoglia.com · Mo 19–0, Di–Sa 12–15, 19–0 Uhr

✳ Il Caffē Ambrosiano

Für **Kaffeesüchtige**. Besser gesagt: Espressosüchtige. Noch besser gesagt: *Caffē*-Süchtige. Auf einer eher modernen und lauten Shoppingstraße wie dem Corso Buenos Aires, wo auch nachts noch Verkehr herrscht, geht man ungern in ein Café. Aber zwei Schlucke der heißen Köstlichkeit lohnen. Man kann die Bohnen (wenn gewünscht gemahlen) auch pfundweise kaufen und sich in hübschen Dosen verpacken lassen.

Corso Buenos Aires 20 · U-Bahn M1 Lima · www.torrefazioneambrosiano.it · Mo–Sa 7–19.30, So 7–13 Uhr

Il Panzerotto

Wie lecker! Das *panzerotto* ist eine Teigtasche mit Füllung und gehört zu den italienischen P-Klassikern wie Pizza und Pasta, Panino und Piadina und eben Panzerotto. Die Geschwister Mariella und Giuseppe haben ihr kleines Panzerotto-Reich eröffnet: eine Theke mit sieben Stühlen für ein Dutzend verschiedener **apulischer Teigtaschen**. Gnum!

Der blau-weiß gestylte Innenraum des »Frijenno Magnanno« und seine mediterrane Küche von Pasta bis Fisch passen perfekt zusammen.

Via Gaspare Spontini 4 · U-Bahn M1 Lima · +39 02/29 52 77 85 · So–Fr 11.45–15, 17.45–23, Sa 11.45–23 Uhr

La Teiera Eclettica

Weißer, grüner oder schwarzer **Tee** wird auf der ganzen Welt getrunken – Mailand reiht sich ein. Ob er eine tiefe Leidenschaft stillt, oder einfach eine Pause zum Plaudern schafft, das macht hier keinen großen Unterschied. Entweder man kauft eine der mehr als 200 verschiedenen Teesorten im Laden, oder man setzt sich in den gemütlichen Saal und schlürft die heiße Köstlichkeit in aller Ruhe.

Via Melzo 30 · U-Bahn M1 Porta Venezia · +39 02/29 41 91 01 · www.teieraeclettica.it · Mo 15.30–19.30, Di–Sa 10.30–19.30 Uhr

Mint Garden Café

Um der Mode zu folgen, hat auch dieser ehemalige Blumenladen ein Café eröffnet. Man kann hier zu Mittag tolle **Salate** essen, und die Klassiker wie *panini* und *piadine* natürlich. Zum Frühstück stehen frische Hörnchen oder leckere Torten auf der Theke. Teestunde und Aperitif gibt es in dieser eleganten und ein wenig alternativen Bistro-Bar auch. Alles in einer super Qualität und ein bisschen radical-chic.

! Der Geschmack des Südens im Mund des Nordens

Am Ende einer kulinarisch reichen Straße liegt das »Azzurra«. Eine klassische, ganz traditionelle Trattoria. Auf den ersten Blick sieht die Schrift auf dem Schaufenster wenig einladend aus. Wer jedoch gegen Mittag die Tür öffnet, wird sich wundern: Die Tische sind fast alle besetzt, es wird geplaudert und die *camerieri*, die Kellner, flitzen hin und her.

Gianfranco hilft auch mit und kommt vom vielen Tellerschleppen aus der Puste. »Es ist zum Glück nicht jeden Tag so«, gibt der stämmige Mittvierziger zu, der mit Vater und Bruder den Laden schmeißt. Gianfranco und Bruder Fabrizio sind seit 1990 dabei, als Vater Matteo hier dieses charakteristische Lokal eröffnete. Vater Matteo wollte die Düfte und den Geschmack seiner armen Heimat Apulien in den reichen, aber kalten Norden bringen. So kam er in den 1970er-Jahren nach Mailand. 1990 öffnete das »Azzurra«.

Anfangs stand noch Ripalta, seine Frau, an den Töpfen und bereite die frische Pasta vor. In der Küche stehen heute zwei Köche, aber Ripalta passt weiterhin auf, dass die verschiedenen Gerichte auch richtig zubereitet werden. Am Ende des Speissaals ist derweil der Pizzakoch dabei, Holz, das sich unter dem prächtigen Pizzaofen stapelt, nachzulegen. Er gehört zu den Hauptdarstellern. Dann kommen Gäste aus aller Welt, ein fröhliches Sprachgewirr liegt im Raum und die Weingläser klingen. Im Januar zieht der Schlussverkauf etwa betuchte russische Frauen an. »Dann kommt es einem manchmal vor, als säße man in Moskau«, lacht Gianfranco. Doch auch an solchen Tagen lässt sich die italienische Stimmung nicht aus diesem sympathischen Lokal vertreiben: Das große Antipastibüfett, die karierten Tischdecken, die mit Kacheln besetzte Umrandung der Wand, die bunten Bilder und Reklametafeln tun ihr Übriges (www.ristorantepizzeriazzurra.it)!

Via Felice Casati 12, Ecke via Lecco • U-Bahn M1 Porta Venezia • +39 02/83 41 78 06 • www.mintgardencafe.it • Mo 8–23, Di 8–0, Mi, Do 8–1, Fr 8–1.30, Sa 8.30–1, So 8.30–0 Uhr

✳ Osteria del Treno

Hier fühlt man sich als Tourist willkommen. Die Speisekarte ist in vier verschiedenen Sprachen abgefasst. In dem **Hauptlokal der Slow-Food-Vereinigung** in Mailand zaubert Koch Angelo in der Küche aus frischen Zutaten wundervolle Speisen. In dem Jugendstilambiente einer ehemaligen *osteria* für Eisenbahnarbeiter kann man den Hunger mit einer deftig-eleganten *taglieri di salumi e formaggi* (Wurst- und Käseplatte) stillen. Dazu kommt die große Wein- und Bierauswahl zu angemessenen Preisen.

Via San Gregorio 46 • U-Bahn M2 Centrale, M1 Porta Venezia, M3 Repubblica • +39 02/670 04 79 • www.osteriadeltreno.it • Mo–Fr 12.30–14.30, 20–0, Sa, So 20–0 Uhr

Geht gar nicht

Einen Espresso bestellen! Hier heißt es *caffè*. Und wenn man einen Kaffee möchte, einfach einen *caffè americano* bestellen. Italiener bevorzugen wohl amerikanischen Kaffee statt deutschen.

✳ Pasticceria San Gregorio

Seit mehr als 30 Jahren verwöhnt diese **Konditorei** ihre Gäste mit Süßigkeiten. Die Qualität und der Geschmack der traditionellen Leckerbissen, vom Mailänder *panettone* (im Winter) bis zur sizialinischen *cassata*, sorgen auch bei Regenwetter für gute Laune. Im Sommer kann man draußen sitzen und sich eine herrliche Kaffeepause unweit des Corso Buenos Aires mit seinem Kaufrummel gönnen.

Via San Gregorio 1 • U-Bahn M1 Porta Venezia, Lima • +39 02/29 52 41 82 • www.pasticceriasangregorio.it • Tgl. 5.30–20.30 Uhr

✳ Pause

So klein, dass man es fast übersieht. Es handelt sich um kaum mehr als ein Schaufenster und sieht auf den ersten Blick wie ein Laden aus. Kein Wunder: Das Pause ist wie eine kleine Retro-Wohnung eingerichtet und verkauft hinter der Theke auch Vintage-Kleider aus der ganzen Welt. Die drei Tische sind ideal, um sich vom Shoppen zu erholen oder die Zeitung durchzublättern. Bei einem **Cappuccino** natürlich.

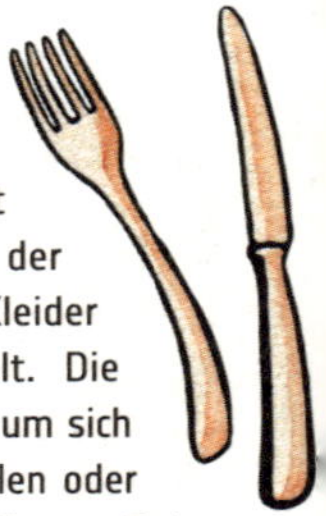

Via Federico Ozanam 7 • U-Bahn M1 Lima • +39 02/39 52 81 51 • www.pausemilano.com • Mo–Sa 8–20 Uhr

* Pavē

Wenn sich verschiedene Leidenschaften vereinen, kommt ein nettes Bistro wie

das Pavē heraus. Luca, Giovanni und Diego verwirklichten ihren Traum von einer **etwas anderen Konditorei**. Der Ex-Journalist, der Konditor und der Kaufmann entzücken nun in einer internationalen Atmosphäre alle, die es wünschen. »Brioche 160«, ihr spezielles Hörnchen, ist zum Frühstück absolut zu empfehlen!

Via Felice Casati 27 • U-Bahn M1 Porta Venezia, M2 Stazione Centrale • +39 02/94 39 22 59 • www.pavemilano.com • Mo–Fr 8–20, Sa, So 8.30–19 Uhr

* Radicetonda

Die Idee: eine Art **Vegan-Mensa** mit frischen Produkten. Auf der Theke stehen Suppen, Lasagne, Gemüse, Salate und Sandwiches schon bereit, um aufgewärmt zu werden. Natürlich ohne Mikrowelle, die könnte dem Essen schaden. Für den kleinen Hunger und etwas größere Geldbeutel geeignet.

Via Lazzaro Spallanzani 16 • U-Bahn M1 Porta Venezia • +39 02/36 73 79 24 • www.radicetonda.it • Mo–Sa 12–23 Uhr

* Trattoria Mirta

Slow Food ist eine Garantie für gute Qualität des Essens. Das Restaurant wurde mit dem Schneckenzeichen der Slowfood-Kampagne 2013–2014 ausgezeichnet. Hausmannskost mischt sich mit fantasievoller Küche, Häuslichkeit mit Eleganz, und das alles ohne chichi. Die Trattoria liegt etwas außerhalb, aber einige Schritte gehen schadet nicht – wenn man sicherheitshalber reserviert hat.

Piazza San Materno 12 • U-Bahn M1, M2 Loreto, M1 Udine, Piola, Lambrate • +39 02/91 18 04 96 • www.trattoriamirta.it • Mo–Fr 12.15–14.30, 20–23 Uhr

Wellness

In Mailand kann man sich auf viele verschiedene Arten »wohlfühlen«: im Park spazieren gehen, ein Eis essen, shoppen. Letzteres soll übrigens auch therapeutische Wirkung haben … Dennoch, ein oder zwei Wellness- und Massagestudios für hartnäckige Stresskandidatinnen gibt es auch. Und wer möchte, kann sich sogar einen ganz privaten Wellnesstag organisieren: sich im »Hammam della Rosa« so richtig entspannen, um dann bei »Estetica Muy Bella« das Solarium auszuprobieren, die Hände und Füße bei »Il cammino del benessere« pflegen und sich zu guter Letzt die Haare von den besten Stylisten von »Charme & Cheveux« frisieren lassen. Nun ist man perfekt gestylt für einen tollen Mädelsabend!

* Centro Medico Juva

Man darf sich kein klassisches Spa vorstellen, in dem man Energie sammeln und sich ausruhen kann. Hier sind richtige Ärzte und Fachmänner am Werk, die **therapeutische Techniken** anwenden. So wird man wieder jung, wenn man alt ist, dünn, wenn man dick ist, und das alles nicht mit einer Operation, sondern durch besondere *macchinari*, Maschinen und Methoden, die das möglich machen. Ein Wunder?

Via Turati 26 • U-Bahn M3 Repubblica • +39 02/546 95 93 • www.juva.it • Mo–Fr 9–13, 14–18.30 Uhr

* Charme & Cheveux

Supermoderne **Hairstylisten** zaubern aus den Haaren Kunstwerke. Nicht nur das: Sie haben auch montagnachmittags geöffnet, wenn alle anderen Friseure geschlossen haben. Außerdem ist einmal donnerstags bis 22 Uhr geöffnet. Der Salon verwandelt sich dann in eine Aperitif-Bar, manchmal finden Modenschauen und Fotoshootings statt. Nur ein Makel bleibt: der Preis …

Don't miss

Den Garten der Villa Belgiojoso Bonaparte. Aufgepasst: Zutritt nur für Kinder. Erwachsene dürfen als Begleiter mit rein. Sich reinzuschmuggeln ist zum Glück nicht so schwer. Es lohnt sich!

Via Giuseppe Borggi 20 • U-Bahn M1 Lima • +39 02/20 40 47 87 • www.charmecheveux.com • Mo 13–19, Di, Mi, Fr, Sa 9.30–19.30, Do 9.30–22 Uhr

✳ Estetica Muy Bella

Muy bella wollen alle Mädels sein. Eine entspannte Atmosphäre empfängt die Besucherin bereits beim Betreten des Studios. Die Behandlungen werden mit der Kundin zusammengestellt, um mit **Massagen**, Solarium, Depilation, Peeling und vielem mehr das Beste aus jeder Frau zu machen.

Via Alessandro Tadino 3 • U-Bahn M1 Porta Venezia • +39 02/39 43 35 18 • www.esteticamuybella.it • Mo–Fr 9.30–20, Sa 9.30–18.30 Uhr

✳ hado spa

Erholen ist hier das einzige Muss. Dieses Spa bietet den Gästen außer der klassischen *idromassagio*, **Wassermassage**, auch verschiedene »Rituale« an; das »Reinigungs-Ritual« etwa mit ätherischen Ölen. Oder das mit Bambussprossen, eine Massage, um das Blut im Körper wieder richtig in Schwung zu bringen.

Corso Buenos Aires 3 • U-Bahn M1 Porta Venezia • +39 02/29 53 13 50 • www.hadospa.com • Mo–Sa 10–21, So 12.30–20 Uhr

✳ Hammam della Rosa

Wie Scheherazade in *Tausendundeiner-Nacht* sagte: »Eine Stadt ist nicht vollständig, solange sie kein **türkisches Bad** besitzt.« In der türkischen Tradition wuschen sich die Frauen gegenseitig mit bestimmten Ritualen. Heutzutage fantastisch, um sich zu entspannen oder im Winter ein wenig Wärme zu tanken. Es gibt hier tolle Anwendungen, zum Beispiel das klassische türkische Bad.

Viale Abruzzi 15 • U-Bahn M1 Lima, Porta Venezia • + 39 02/29 41 16 53 • www.hammamdellarosa.com • Di–Fr 12–22.30, Sa–So 10.30–20.30 Uhr

✳ Il cammino del benessere

Gepflegt zu sein reicht manchmal schon aus, um sich wohlzufühlen. Hier entspannt man sich nicht nur, das Gefühl hält auch viele Tage an. Ob es die Hände sind, die Füße oder **der ganze Körper**, alles wird mit einer besonderen Behandlung bedacht. Absolut zu empfehlen ist das Nail-Spa, bei dem man aus verschiedenen Angeboten auswählen kann.

Via Lazzaro Palazzo 1 • U-Bahn M1 Porta Venezia • +39 02/29 53 10 70 • www.ilcamminodelbenessere.it • Mo, Mi, Fr 10.30–19.30, Do 11.30–21, Sa 9.30–18.30 Uhr

Ausgehen

Cocktail! Cocktail! Cocktail! Wer darauf Lust hat, sollte in eine der vielen Bars und Lokale gehen, die es rund um die Porta Venezia (und nicht nur dort) gibt. Dabei hat jede Location ihr eigenes Ambiente, ihre eigene Atmosphäre und ihr eigenes Publikum. Doch eines haben sie alle gemeinsam: Die Leidenschaft für den Cocktail. Mädels, die auf ihre hübsche Figur achten, kommen mit den nur 200 Kalorien eines Mojitos noch gut weg. Wenn's um Cocktails und Spaß geht, darf man auch mal über die Stränge schlagen. Das Trinken in Italien hat jedoch nichts mit »Spaßbesaufen« zu tun. Italiener trinken zum Genuss – auch wenn es immer jemanden gibt, der nicht aufhören kann, zu genießen.

⁎ Atomic Bar

Richtig Underground, wie der Name schon verrät. Keine konventionelle Musik, sondern **Indierock**, die Lieblingsmusik der Alternativen Mailands. Außerdem an verschiedenen Abenden Electro, New Wave und Rare Groove. Hier wird ab 21.30 Uhr ein bisschen getanzt, getrunken und gelacht. Garantiert einen amüsanten Abend.

Via Felice Casati 24 • U-Bahn M1 Porta Venezia • +39 02/89 05 91 69 • Tgl. 18.30–2 Uhr

⁎ b:free

Unsichere Mädels werden hier Schritt für Schritt in die komplizierte **Cocktailwelt** begleitet. Die Karte ist sehr umfangreich, aber die freundliche Bedienung erklärt ruhig jeden einzelnen Drink. Frau und Mann wählen zwischen den verschiedenen Kreationen des Lokals oder den typischen Mailänder Cocktails.

Via Lecco 21 • U-Bahn M1 Porta Venezia • +39 02/36 70 79 71 • www.bfreecocktailbar.com • Di–Do 18.30–1, Fr, Sa 18.30–2, So 18.30–0 Uhr

⁎ Bar Martini

Eine echte **Martini-Bar** darf in Mailand natürlich nicht fehlen. Schon beim Reingehen wird man von der intimen Atmosphäre verzaubert. Von der Dolce&Gabbana-Boutique wenige Schritte durch einen Innengarten direkt zum Bistro – das ist der Weg der Glamourgirls in Mailand. Hier herrscht

Black-Stil total. Für ein bisschen Licht und Luft sorgen der Patio und der Garten. Am besten wohl für superschicke Mädels geeignet.

Corso Venezia 15 · U-Bahn M1 San Babila · +39 02/76 01 11 54 · www.dolcegabbana.it · Bar: Mo–Sa 7.30–1, So 9–0, Bistro: Mo–Sa 19–1, So 19–0 Uhr

✳ Bar Tender

Sieht von außen wie eine einfache Bar aus, birgt aber in seinem Inneren einen Schatz. Das reiche Büfett zur **Happy Hour** ähnelt mehr einem Abendessen als einem Aperitif. Im Sommer kann man den Cocktail und das Essen im Freien genießen. Vielleicht ein bisschen teuer für die Gegend, aber wenn man genug auf den Teller bekommt, wird man für neun Euro pappsatt.

Piazza Morbegno · U-Bahn M1 Turro, Gorla · +39 02/261 38 22 · Di–So 18–2 Uhr

✳ Blanco

Blanco, *bianco*, weiß. Vom Boden bis zur Theke und die Wände hoch. Die Lichter werden aus Winkeln reflektiert und schaffen eine sehr coole Atmosphäre. Die Bar ist eines der **In-Lokale** in Mailand, wo man stolz seinen modesicheren Geschmack zeigt. Zum Glück haben auch normale Menschen bei einem Cocktail und etwas zu knabbern ihren Spaß!

Via Giovanni Battista Morgagni 2 · U-Bahn M1 Porta Venezia · +39 02/84 57 11 25 · Tgl. 12–15, 17–2 Uhr

✳ Blender

Wer in Mailand an Blender denkt, denkt an Aperitif. Hier, irgendwo zwischen Zentrum und Peripherie, werden **super Cocktails** gemixt und dazu gibt es ein richtig gutes Essen (was beim Aperitif

»B:free«, sei frei. Frei, so schräg zu tanzen, wie das Logo steht. Frei, sich richtig zu amüsieren. Ab geht die Party! →

leider nicht immer der Fall ist). Eine einfache Cocktailbar eben, aber zur Happy Hour hat Blender wenig Konkurrenz.

Piazzale Susa 7 • Straßenbahn 9 Dateo • +39 02/74 90 2 00 • Tgl. 17–2 Uhr

✳ Blues House

Wer von all den Cocktailbars Mailands gelangweilt ist, kann im Blues House von Sesto San Giovanni eine andere Art von Abend erleben. Blaue Lichter an der Theke und auf der Bühne stimmen die Gästen ein. **Livemusik** ist angesagt mit coolen Gruppen oder dann und wann mit einer Tribute-Band.

Via Sant'Ugozzone 26 • U-Bahn M1 Sesto San Giovanni, Villa San Giovanni • +39 02/39 56 07 56 • www.blueshouse.it • So–Do 21–2, Konzerte ab 22, Fr, Sa 21.30–2, Konzerte ab 23 Uhr, Uhrzeiten für Konzerte können variieren

Geht gar nicht

Nachts allein bei der Stazione Centrale. Richtig gefährlich ist es nicht, solange man keinen Minirock und hohe Absätze trägt. Trotzdem lieber doppelt so aufmerksam sein!

✳ Brasserie Bruxelles

Sehnsucht nach einem guten **Bier**? In der Brasserie lässt sich ein bisschen das Heimweh stillen. Aber nicht mit deutschem Bier, hier ist ausschließlich das belgische angesagt. Hell oder dunkel, in der Flasche oder vom Fass kann man das »flüssige Brot« an langen Holztischen genießen.

Viale Abruzzi 33 • U-Bahn M1, M2 Loreto, M1 Lima • +39 02/29 41 91 48 • Tgl. 18–2 Uhr

✳ Frank

Bei Frank findet man alles. Vom einfachen Frühstück bis zum schnellen Mittag- und feinen Abendessen. Aber das Beste ist wohl der Aperitif. Die **Bar**, die bei vielen Mailändern beliebt ist, zeigt am frühen Abend ein elegantes Gesicht. Im Sommer sitzt man draußen auf den bequemen Stühlen. Nicht nur die Kerzen, sondern auch die Kleider und der dezente Schmuck der Fashion-Ladys funkeln.

Via Lecco 1 • U-Bahn M1 Porta Venezia • +39 02/29 53 25 87 • www.frankmilano.it • Mo–Sa 8–2 Uhr

✳ h club diana

Hello Happiness! Das Hotel »Sheraton Diana« birgt eine Oase der Ruhe. Eine Art Amphitheater, das von einem zauberhaften Garten umringt wird. Abends gibt es **Musik**

und die Aperitifgläser klingen. Dann sichtet man Markenkleider und hohe Absätze. Etwas für die High Society oder die, die sich dazu zählen.

Viale Piave 42 • U-Bahn M1 Porta Venezia • +39 02/20 58 20 04 • www.hclub-diana.it • Tgl. 10.30–1 Uhr

Jumpin' Jazz

Die Leidenschaft für **Jazz** kennt keine Grenzen, und jeder kommt hier zu seinem Recht. Jazz ist nicht nur für die Ohren, sondern auch für den Körper da – und ab geht es mit Bebop und Swing, mit Dixieland oder New Orleans. In Retro-Ambiente kann man – ob jung oder alt – hier jeden Samstagabend tanzen bis zum Umfallen.

Viale Monza 140 Milano • U-Bahn M1 Turn • +39 33/43 11 29 26 (mobil) • www.jumpinjazz.it • Sa 22.15–0.30 Uhr

Mono

Eines der bekanntesten **gay-friendly Lokale** in Mailand, aber akzeptiert werden alle. Die Cocktails sind sehr gut und das Ambiente ist freundlich. In dieser kleinen Bar und ihrem leicht nostalgischen Ambiente der 1970er-Jahre wird es manchmal ein wenig eng. Zum Glück kann man die wenig befahrene Straße nutzen und draußen weiter trinken und feiern.

Via Lecco 6 • U-Bahn M1 Porta Venezia • +39 33/94 81 02 64 (mobil) • So, Di 18.30–1, Mi, Do 18.30–1.30, Fr, Sa 18.30–2 Uhr

Moscow Mule

Die Leidenschaft für **Cocktails** findet in Mailand kein Ende. Dieses Lokal wurde sogar nach einem benannt. Es sieht auf den ersten Blick sehr elegant und ein bisschen schickimicki aus, aber der Cocktail ist nicht nur einer der Besten, sondern auch einer der billigsten. Vom Aperitif wird man hier nicht satt, aber man kann ja auch nach dem Abendessen einen tollen Cocktail genießen.

Via Teodosio 60 • U-Bahn M2 Lambrate, Udine • +39 39/33 52 76 17 (mobil) • Di–Sa 18–2 Uhr

Nottingham Forest

Seit 2008 gehört diese Cocktailbar zu den Top 50 der **»Great Bars of the World«**. Ein Blick hinein lohnt sich also sicherlich, trotz der hohen Preise. Wo man sich an der Weltspitze der Cocktailkunst bewegt, kann man auch mal ein wenig mehr ausgeben. Wunderbar ist die Location, mit einem Ethno-Fusion-Ambiente.

Viale Piave 1 • U-Bahn M1 Porta Venezia • +39 02/79 82 11 • www.nottingham-forest.com • Di–Sa 18.30–2, So 18–1 Uhr

✳ Ricci

Mit Minimal-Chic hat sich das Lokal an diesem großzügigen und weitläufigen Platz zwischen neuer und alter Stadt eingerichtet. In der eleganten **Lounge-Bar** kann bis spät in die Nacht gelacht, geplaudert und getrunken werden. Während die DJs für eine »softe« Atmosphäre sorgen, lässt sich auf superbequemen Sofas ein gemütlicher Abend verbringen.

Piazza della Repubblica 27 • U-Bahn M3 Piazza della Repubblica • +39 02/669 42 69 • www.ilricci.com • Mo–Fr 12.30–15, 18–2, Sa 18–2 Uhr

✳ Sio Cafe

Sio ist vieles in einem: eine Bar, ein Restaurant und eine Disko. Es befindet sich im Univiertel Bicocca, ein bisschen außerhalb im Norden, ist einer der beliebtesten **Fashion-Clubs** und auch für Mailänder aus dem Hinterland gut erreichbar. Spaß und gute Laune sind an verschiedenen Mottoabenden – von Hip-Hop bis Tango – garantiert.

Via Libero Temolo 1 • U-Bahn M3, M5 Zara, dann Straßenbahn 7 Arcimboldi Ateneo Nuovo, U-Bahn M5 Bicocca • +39 02/66 11 80 87 • www.siocafemilano.com • 12–15, 18.30–4 Uhr

✳ Viel

Wer dem typischen Mailänder Nightlife-Rummel entfliehen möchte, aber trotzdem den Wunsch hat, die Stadt auch abends zu erleben, findet bei Viel einen guten Kompromiss. Keine Lounge oder Cocktailbar, eher ein **Treffpunkt für die Familie**. Hier trinkt man gesunde *frullati* (Milchmixgetränke), schleckt dazu ein *gelato* oder genießt Crêpes und *piadine*.

Viale Abruzzi 23 • U-Bahn M1, M2 Loreto • +39 02/20 40 43 92 • www.viel-milano.com • Mo 11–0.30, Di–Do 11–1, Fr 11–1.30, Sa 11–2 Uhr

✳ Vinile

Ideal für einen Abend im Vintage-Stil. Es werden **alte Schallplatten** aufgelegt. Perfekt, um »Es-war-einmal«-Musik zu hören oder einfach zu plaudern, ohne dass dem anderen das Ohr abfallen muss. Zu essen gibt es auch, es ist aber ein wenig teuer. Besser nur auf einen Cocktail oder ein Bier nach dem Dinner herkommen.

Via Alessandro Tadino 17 • U-Bahn M1 Porta Venezia, Lima • +39 02/36 51 42 33 • Di–So 11–0 Uhr

Die Sofas im »Ricci« laden zum Chillen, Flirten, Quatschen, Spaß haben und zu allem anderen ein, was einem Lounge-Bar-Mädel gefällt.

Übernachten

Beeindruckend, wie viele Hotels sich um den Hauptbahnhof herum angesiedelt haben. Egal, welche Straße man Richtung Zentrum nimmt, es wimmelt nur so von großen Luxus-, Mittelklasse- oder kleinen Ein- und Zwei-Sterne-Hotels. Aber aufgepasst: Nicht alle diese Hotels sind auch empfehlenswert. Die niedlichen Villen in den hübschen Straßen ein wenig abseits der Stazione Centrale mit einem Stern solltet ihr besser nicht in Anspruch nehmen. Lieber eines der schönen Bed & Breakfasts aufsuchen. Oder sich einmal im Leben ein paar Nächte in einem Luxushotel gönnen …

✳ Albert

Dieses **Drei-Sterne-Hotel** ist für jeden geeignet, der nicht gerade im Grünen übernachten möchte. Ein bisschen alt und angestoßen, trotzdem sauber und das Personal ist superfreundlich. Die Lage hinter dem Bahnhof ist günstig, um überall hinzukommen, ob zum Shoppen oder zum Essen. Ein Hund darf auch mitgebracht werden, Hauptsache, er ähnelt eher einem Chihuahua als einer Dänischen Dogge.

Via Tonale 2 · U-Bahn M2, M3 Centrale F.S. · +39 02/66 98 54 46 · www.alberthotel.it · EZ/DZ ab 65 €/80 €

✳ Althea

In einer kleinen Seitenstraße nicht weit vom S-Bahnhof Dateo liegt eine niedliche Wohnung. Beatrice hat dort mit zielsicherem Geschmack ein **Bed & Breakfast** eröffnet. Der Schlaf ist garantiert, in der Via Ozieri fahren fast keine Autos. Schön für Besucherinnen, die ein leckeres Frühstück lieben und abends eine Tasse Kräutertee vor dem Fernseher schlürfen möchten.

Via Privata Ozieri · Bus 54, 61 Corso Plebisciti, Via Compagnoni, Bus 73 Viale Campania, Viale Corsica · +39 32/93 21 51 66 (mobil) · www.altheabb.it · EZ/DZ ab 65 €/85 €

✳ Auriga

Äußerst angenehm. Warum? Die Lage ist perfekt. Das Personal ist freundlich. Die Räumlichkeiten sind einladend. Die Zimmer gemütlich. **Der Sterne sind vier** (vielleicht einer zu viel). Kinder unter acht Jahren zahlen nichts. Noch etwas? Ja, wer das Angenehme will, muss vielleicht ein wenig mehr Geld hinlegen. Sonst wenig zu klagen.

Via G.B. Pirelli • U-Bahn M2, M3 Centrale F.S. • +39 02/66 98 58 51 • www.auriga-milano.com • EZ/DZ ab 100 €/130 €

B&B Belcanto

Den *belcanto*, also den schönen Gesang, kann man im Frühling hören, wenn sich die Vögel im Garten versammeln. Außerdem sind alle Zimmer nach einer Oper benannt, der großen Leidenschaft des Besitzers Roberto. In dieser schönen kleinen Villa am Rande des Stadtzentrums sind Charme und **familiäre Wärme** garantiert.

Via Beato Angelico 13 • Straßenbahn 5, Bus 90 Via Beato Angelico Via Colombo • +39 34/76 69 96 02 (mobil) • www.belcantobeb.com • EZ/DZ ab 45 €/65 €

Bronzino House

In diesem typischen Mailänder Gebäude der frühen Jahre des 20. Jahrhunderts fühlt man sich wie in einer Superwohnung. Das B&B bietet leider nur zwei Zimmer: Das Elfenbein- und Ebenholzzimmer sind in **modern-elegantem Stil** eingerichtet. Evelina und Walter verwöhnen jeden Gast mit gutem Frühstück und einem immer freundlichen Lächeln.

Via Bronzino 20 • U-Bahn M1 Lima, M2 Piola • +39 33/43 88 68 92 (mobil) • www.bronzinohouse.it • EZ/DZ ab 70 €/80 €

Hotel Berna

Eine Schweizer Ecke in Mailand. Die typischen Eigenschaften der Eidgenossen sind hier vereint: **Professionalität, Sauberkeit, Effizienz**. Kein Wunder, dass es »Bern« heißt und ein Zwillingshotel in Lugano hat. Direkt am Hauptbahnhof und dennoch ruhig. Ideal, wenn man nur wenige Tage in Mailand verbringt oder aus Versehen den Zug verpasst hat.

Eine Terrasse in Mailand ist Luxus pur. Man kann die Stadt von oben genießen. Im »Bronzino House« ist dieser Luxus erschwinglich. →

Via Napo Torriani 18 · U-Bahn M2, M3 Centrale F.S. · +39 02/94 75 57 90 · www.hotelberna.com · EZ/DZ ab 80 €/120 €

Hotel Napoleon

Wer bereit ist, ein bisschen mehr auszugeben, ohne gleich etepetete sein zu müssen, ist hier, in einer ruhigen Nebenstraße des Corso Buenos Aires, bestens aufgehoben. Elegante, großzügige Räume, perfekter **Vier-Sterne-Service**, ein richtig europäisches Frühstück. Die Shoppingmeile liegt gleich nebenan und um die Ecke eine ruhige Allee, wo man Frauen beim Boccia-Spielen zusehen kann.

Via Federico Ozanam, 12 · U-Bahn M1 Lima · +39 02/29 52 03 66 · www.hotelnapoleonmilano.com · EZ/DZ ab 110 €/140 €

Il Girasole

Schon der Name, »Sonnenblume«, verspricht Wärme und Freundlichkeit. Man kommt als Fremder und geht als Freund. Wer nur ein paar Tage bleibt, kann den B&B-Service nutzen. In den Sommermonaten gehört ein Frühstück im Innenhof dazu. Wer sich längere Zeit der Stadt widmen will, kann ein **Zimmer mit Küche** und allem Drum und Dran buchen. Leider liegt es etwas außerhalb unweit der Via Monza, zum Glück gibt's die U-Bahn.

Via Doberdò 19 · U-Bahn M1 Villa San Giovanni · +39 02/27 08 07 38 · www.bbilgirasole.it · EZ/DZ ab 80 €/120 €

La Locanda del Pino

Fresken und alte Möbel prägen die Atmosphäre. Hier können sich Kunstexpertinnen richtig amüsieren. Alle Betten und die Einrichtung stammen aus dem 17. Jahrhundert – zum Glück sind die Matratzen von heute. Die Lage ist perfekt, um zu shoppen, abends Party zu machen oder kurz in den Giardini Pubblici ein wenig frische Luft zu schnappen. Leider sind die drei Zimmer dieses **Bed & Breakfast** meist lange im Voraus ausgebucht

Via Melzo 28 · U-Bahn M1 Porta Venezia · +39 02/36 55 70 74 · www.locandadelpino.it · EZ/DZ ab 120 €

RossoSegnale

Ein fantastischer Ort, an dem die Zeit stehen geblieben zu sein scheint. Alles Schöne aus Italien ist hier vereint:

Geht gar nicht

Diese niedlichen Zwei-Sterne Hotels. Oft werden sie für andere Zwecke gebraucht. Sonderlich sauber sind sie auch nicht. Also lieber auf Nummer sicher gehen und sich vor dem Buchen gut informieren!

Essen, Natur, guter Service und die Freundlichkeit der Besitzer. Die **drei Zimmer** sind wirklich entzückend. Dazu gehört eine kleine Kunstgalerie mit modernen Werken. Und wer eine wohlige Pause einlegen möchte, kann sich in den Garten mit seiner orientalischen Atmosphäre zurückziehen.

Via Antonio Sacchini 18 • U-Bahn M1, M2 Loreto • +39 02/29 52 74 53 • www.rossosegnale.it • EZ/DZ ab 118 €/136 €

✳ Seven Heaven

Wer vernünftige Preise sucht, muss entweder Glück haben oder muss es ein bisschen außerhalb versuchen. Zum Glück ist Mailand eine kleine Großstadt und das Seven Heaven ein ideales **Bed & Breakfast** mit allem, was man sich wünschen kann. Die freundlichen Mitarbeiter sprechen viele Sprachen und überlassen nichts dem Zufall. Frühstück steht natürlich morgens immer frisch bereit.

Viale Monza 16 • U-Bahn M1 Pasteur • +39 37/79 61 49 05 (mobil) • www.sevenheaven.it • EZ/DZ ab 30 €/60 €

✳ Vietnamonamour

Im Viertel der alten historischen Villen stößt man auf ein **Bed & Breakfast** im fernöstlichen Stil. Kein Wunder, denn die Besitzerin kommt aus dem fernen Vietnam. Sie möchte jedem Gast die Tradition ihres Landes zeigen und hat so die Villa stolz der Kultur Vietnams angepasst. Wer noch mehr davon möchte, ein Restaurant ist auch dabei!

Via Alessandro Pestalozza 7 • U-Bahn M2 Piola • +39 02/70 63 46 14 • www.vietnamonamour.com • EZ/DZ ab 80 €/100 €

Der Süden

Von den *Navigli*
bis zur Zona Tortona –
superschicke Gegend

Im magischen Süden Mailands nimmt man die Atmosphäre vergangener Zeiten wahr. Die Tür zur Vergangenheit öffnet sich einen Spalt breit, und man bekommt eine Ahnung davon, wie Mailand im 19. Jahrhundert ausgesehen haben könnte: Viele Kanäle verbinden die Stadtteile. Der Marmor für den Dombau wurde über diese Kanäle mit Lastkähnen vom Lago Maggiore bis nahe an die Piazza Duomo transportiert. Die Darsena beim Ticinese-Stadttor, wo der Naviglio Grande und der Naviglio Pavese zusammenfließen, war bis in die 1950er-Jahre ein Hafen.

Was ist vom alten Mailand geblieben? Die alten, volkstümlichen *case a ringhiera*, Wohnungen, die mit einem Außengang verbunden sind, werden heute als Künstlerateliers und Handwerkerwerkstätten genutzt. Hier und da gibt es auch kuriose Gegenstände zu kaufen. Es wimmelt von kleinen Cafés und interessanten Shops.

Überquert man die kleine Stahlbrücke über die Schienen des Bahnhofs Porta Genova, gelangt man in ein von Mode und Design geprägtes Stadtviertel, die Zona Tortona. Ehemalige Fabrik- und Produktionsräume des späten 19. und frühen 20. Jahrhunderts haben Fotografen, Architekten und Modedesigner in Studios und Showrooms umgewandelt. Besonders während der Designwoche im April schieben sich hier die neugierigen Kreativen durch die Straßen.

Von der Kirche San Lorenzo mit ihrem römischen Vorplatz bis zu den modernen Wohnungseinrichtungen des Tortona-Viertels zeigt sich eine ganz charmante Seite Mailands. Und die Gegend hat sich als Treffpunkt des Mailänder Nightlifes einen Namen gemacht.

Casa Verdi, Certosa di Garegnano
La Bottega del benessere, Calicanto Day Spa
Adam & Eve
Fopponino
Carceri Giudiziarie
Piazzale Aquileia
Piazza Filangieri
Piazza Po
Piazza Vesuvio
Bistrò del Tempo Ritrovato
Seccia Luciano
Il Girotondo
Mercato di Viale Papiniano
S. Agostino
Carrè
Giardini Don Luigi Giussoni
Panpepato
Piazzale Giovanni De Agostini
Piazza G. A. Bazzi
Giorgia
Amarna Blu
Ciriboga
Joe Peña's
Des Etrangers
S. Maria del Rosario
Piazza del Rosario
La Tradizionale
Osteria del Binari
Centro Estetico Beauty Time
Angelo's Bistrot
Boccino
Ex-Ansaldo
Naviglio Grande
Acquasala
Sugar Cocktail Therapy
Il Puntol
Gogol & Company
Piazza delle Milizie
Rocket
Chiesa di San Cristoforo
Woodstock
Ca' Bianca
Trattoria Emanuela
Via Elba
Via Washington
Via Giorgio Washington
Via Matilde Serao
Via Sebastiano Caboto
Via Etna
Via Giacomo Boni
Via Ischia
Via Sant'Eusebio
Via Vetta d'Italia
Via Digione
Via Costanza
Via Egadi
Via Giuseppe Dezza
Via Andrea Verga
Via Paolo Giovio
Viale San Michele del Carso
Via Biffi
Via Gian Battista Vico
Via Ercole Ferrario
Via Lipari
Via Altino
Via Caravaggio
Via Caprera
Viale Papiniano
Via degli Azario
Via Dugnani
Via Coni Zugna
Via M. A. Bragadino
Via Salvio Giuliano
Via Stromboli
Via dei Sormani
Via G. Allegranza
Via Antonio Grumello
Via California
Via Vincenzo Foppa
Via Solari
Via Letizia
Via Valparaiso
Via Montevideo
Via Moisè Loria
Via Vepra
Via d. Grimani
Via B. Lanino
Via Bergognone
Via Andrea Salaino
Via Andrea Solari
Via Amedeo Modigliani
Via Rienzo
Via Stendhal
Via Trezzo d'Adda
V. Sirte
Via Cola di Rienzo
Via Gnocchi Viani
Via Montecatini
Via Savona
Via Voghera
Via Cerano
Via Tortona
Via Novi
Via V. Forcella
Via Gaspare Bugatti
Via Paolo Giorza
Via Carlo Troya
Via delle Foppette
Via Valenza
Via San Cristoforo
Alzaia Naviglio Grande
Ripa di Porta Ticinese
Via Eugenio Barsanti
Via Elia Lombardini
Via Autari
Via Luigi Sala
Via Carlo D'Adda
Via Giovanni Pasto
Via Eugenio Villoresi
Via Carlo Torre

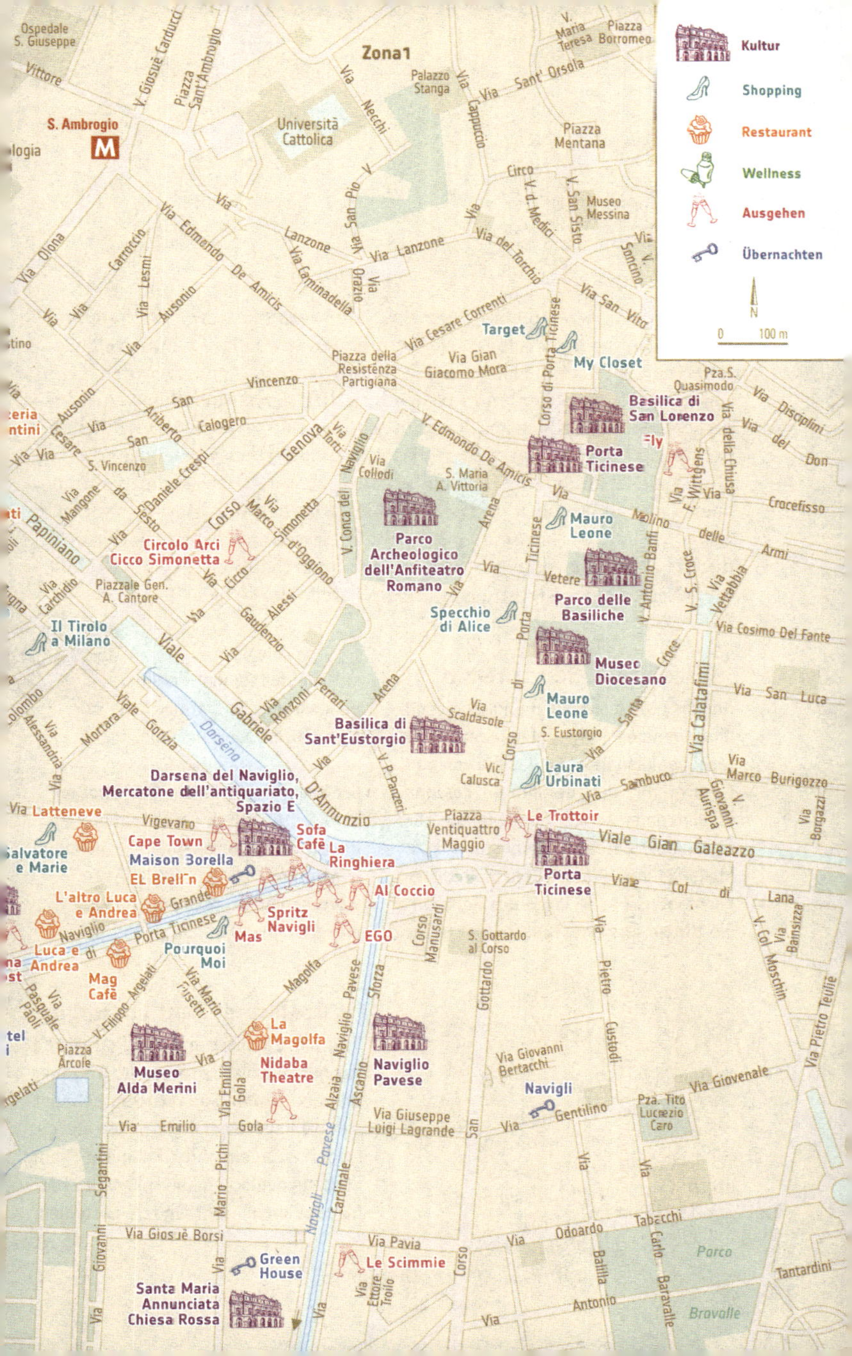

Kultur
Shopping
Restaurant
Wellness
Ausgehen
Übernachten
N
0
100 m
Zona1
Ospedale S. Giuseppe
S. Ambrogio
M
Università Cattolica
Palazzo Stanga
Piazza Mentana
Museo Messina
Piazza Borromeo
Target
My Closet
Basilica di San Lorenzo
Porta Ticinese
Fly
Mauro Leone
Parco Archeologico dell'Anfiteatro Romano
Parco delle Basiliche
Specchio di Alice
Museo Diocesano
Mauro Leone
Basilica di Sant'Eustorgio
Laura Urbinati
Circolo Arci Cicco Simonetta
Il Tirolo a Milano
Darsena del Naviglio, Mercatone dell'antiquariato, Spazio E
Sofa Cafè
La Ringhiera
Le Trottoir
Porta Ticinese
Salvatore e Marie
Cape Town
Maison Borella
EL Brellin
L'altro Luca e Andrea
Luca e Andrea
Mag Cafè
Pourquoi Moi
Spritz Navigli
Mas
Al Coccio
EGO
S. Gottardo al Corso
La Magolfa
Nidaba Theatre
Museo Alda Merini
Naviglio Pavese
Navigli
Green House
Le Scimmie
Santa Maria Annunciata Chiesa Rossa
Piazza della Resistenza Partigiana
Piazza Ventiquattro Maggio
Piazzale Gen. A. Cantore
Piazza Arcole
Pza. Tito Lucrezio Caro
Pza.S. Quasimodo
Dorsena
Parco Bravolle
Via Edmondo De Amicis
Via Cesare Correnti
Corso di Porta Ticinese
Corso Genova
Viale Gabriele D'Annunzio
Viale Gian Galeazzo
Viale Col di Lana
Alzaia Naviglio Grande
Ripa di Porta Ticinese
Alzaia Naviglio Pavese
Ascanio Sforza
Corso San Gottardo
Via Lanzone
Via San Vito
Via Vetere
Via Molino delle Armi
Via Santa Croce
Via Calatafimi
Via Cosimo Del Fante
Via San Luca
Via Marco Burigozzo
Viale Papiniano
Via Ariberto
Via San Calogero
Via Vincenzo Foppa
Via Mario Pichi
Via Emilio Gola
Via Giuseppe Luigi Lagrange
Via Gentilino
Via Giovenale
Via Pavia
Via Odoardo Tabacchi
Via Antonio Tantardini
Via Giosuè Borsi
Via Giovanni Segantini
Via Magolfa
Via Lesmi
Via Ausonio
Via Olona
Via Carroccio
Via Torchio
Via Cappuccio
Via Necchi
Via San Pio V
Via Orazio
Via Caminadella
Via Gian Giacomo Mora
Via Arena
Via Scaldasole
Via Conca del Naviglio
Via Collodi
Via Pietro Custodi
Via Pietro Teulié
Via Ettore Troilo
Via Carlo Baravalle
Via Battista
Via Vigevano
Via Latteneve
Viale Gorizia
Via Mortara
Via Alessandria
Via Filippo Argelati
Via Pasquale Paoli
Via Mario Fusetti
Via Giovanni Bertacchi
Via Vettabbia
Via Disciplini
Via del Don
Via Crocefisso
Via della Chiusa
Via F. Wittgens
Via Antonio Banfi
Via Sambuco
Via Giovanni Aurispa
Via Borgazzi
Via Bainsizza
Via Col Moschin
Via Marco d'Oggiono
Via Daniele Crespi
Via Cicco Simonetta
Via Gaudenzio Ferrari
Via Alessi
Via Ronzoni
Via P. Panzeri
Vic. Calusca
S. Eustorgio
S. Maria A. Vittoria
Via Sant' Orsola
V. Maria Teresa
Circo
V. d. Medici
V. San Sisto
V. Soncino

Kultur

Kultur ist das, was im Gegensatz zur Natur vom Menschen erschaffen wurde. Die vor hunderten, ja, fast tausenden von Jahren gegründeten Kirchen, die bis in die Gegenwart immer wieder verändert wurden, gehören mit ihren Kapellen und Fresken natürlich dazu. Aber ebenso die Zeugen ehemaliger Industriekultur. Ein schöner Kulturspaziergang führt an den *Navigli* entlang, wo man in die Atmosphäre eines Viertels um die alten Kanäle, an deren Bau auch Leonardo da Vinci beteiligt war, eintauchen kann. Einen Blick in das Haus der Dichterin Alda Merini lohnt sich auf jeden Fall. In charmanten Innenhöfen lassen sich Kunstgalerien entdecken oder man entspannt sich einfach im archäologischen Park oder im Schatten eines Kirchturmes im Parco delle Basiliche.

* Basilica di San Lorenzo

Abends treffen sich auf der Piazza junge und weniger junge Mailänder. Aber tagsüber kann man die Basilica von San Lorenzo mit den berühmten *colonne* (Säulen eines antiken Tempels) besichtigen. Einer der faszinierendsten Plätze Mailands mit einem Denkmal Kaiser Konstantins – eine Kopie aus Rom. Um die **Kirche aus der Renaissance** zieht sich ein mittelalterlicher Kapellenkranz. So vermischen sich hier die Jahrtausende.

Corso di Porta Ticinese 39 • Straßenbahn 2, 14, 3, Bus 94 Carrobbio, Piazza Ventiquattro Maggio, Colonne di San Lorenzo • +39 02/89 40 41 29 • www.sanlorenzomaggiore.com • Mo–Sa 7.30–18.45, So 9–19 Uhr

Don't miss

Das »Cinema Mexico« (Via Savona 57). Hier kann man jeden Donnerstagabend einen Film in Originalsprache sehen oder als Zuschauer bei der *Rocky Horror Picture Show* mitmachen!

* Basilica di Sant'Eustorgio

Toll, diese Kulisse mit der Piazza und der neoromanischen Fassade. Im Inneren der **Dominikanerkirche** befindet sich die Kapelle der drei heiligen Könige. Leider wurden ihre Reliquien vom »bösen« deutschen Kaiser Federico Barbarossa im 12. Jahrhundert gestohlen, aber ein Finger ist noch übrig geblieben. Links neben der Kirche liegt der Eingang zur Portinari-Kapelle mit wunderschönen Renaissancefresken vom Maler Vincenzo Foppa. Daneben kann man auch die alte Sakristei und frühchristliche Grabanlagen besichtigen.

Piazza Sant'Eustorgio • U-Bahn M2 Porta Genova • +39 02/58 10 15 83 • www.santeustorgio.it • 7.45–12, 15–18.30, Capella Portinari: 10–18 Uhr • 6 €

↑ *Schon seit Langem wird die Piazza vor San Lorenzo von römischen* colonne, *Säulen, »bewacht«.*

* Casa Verdi

»Mein schönstes Werk« soll der alte Giuseppe Verdi die Stiftung an der Piazza Buonarroti genannt haben. Der große Opernkomponist hat hier nach seinem Tod 1901 ein **Altersheim für Musiker** hinterlassen. Um Alt und Jung zusammen zu bringen, wohnen hier auch ein paar Studenten des Konservatoriums. In der Krypta, die man besichtigen kann, liegt Verdi zusammen mit seiner geliebten Frau, der Sängerin Giuseppina Strepponi, begraben. Museumsräume und ein Ehrensaal sind nur für Gruppen und nach Voranmeldung zu besichtigen.

Piazza Michelangelo Buonarroti 29 • U-Bahn M1 Buonarroti, Wagner, Straßenbahn 16 Via Ravizza • +39 02/ 499 60 09 • www.casaverdi.org • Krypta: Mo–Fr 8.30–18 Uhr

* Certosa di Garegnano

Mailands **Kartause**, die 1349 gestiftet und im 16. Jahrhundert in einem Wald vor der Stadt gebaut wurde, wurde von der Stadt überrollt. Der Wald ist weg, Industrie hat sich breitgemacht, Wohnungen wurden gebaut und nebenan führt die Autobahn vorbei. Dennoch strahlt die Anlage mit dem eleganten Vorhof und den prächtigen Fresken im Inneren eine merkwürdige Ruhe aus, als wäre ihr alles um sie herum egal.

Via Garegnano 28 • Straßenbahn 14 Viale Certosa, Via Cormons • www.certosadimilano.com • Tgl. 9–12, 15.30–17.30 Uhr

* Chiesa di San Cristoforo

Nanu? Ist das noch Mailand? In dieser Ecke sieht es aus, als wäre die Zeit stehen geblieben. San Cristoforo besteht aus einer bezaubernden Gruppe von Häusern und einer **kleinen Doppelkirche**, die auf den Naviglio Grande guckt. Es waren ursprünglich zwei nebeneinander liegende Kirchen, die dann im 17. Jahrhundert vereinigt wurden. Den Mailändern liegen sie wegen ihrer Geschichte sehr am Herzen.

Via San Cristoforo 3 • U-Bahn M2 Romolo, Straßenbahn 2 Pestalozzi, Bus 90, 91 Romolo, Straßenbahn 9 San Cristoforo • +39 02/48 95 14 13 • www.chiesasancristoforo.it • Tgl. 9–12, 15.30–19 Uhr

✳ Darsena del Naviglio

Einen **kleinen Hafen** hätte sich niemand in Mailand erwartet, doch jahrhundertelang nutzte die Stadt Wasserwege *(Navigli)*, um Waren aller Art hinein- und hinauszutransportieren. Am Knotenpunkt der Darsena trafen mehrere Kanäle zusammen. Ein Ringkanal um die Innenstadt wurde erst in den 1930er-Jahren geschlossen. Lange Zeit sich selbst überlassen, kommt der alte Hafen als Freizeit- und Parkanlage gerade rechtzeitig zur Expo wieder in Schwung.

Piazza XXIV Maggio/Viale Gorizia • U-Bahn M2 Porta Genova

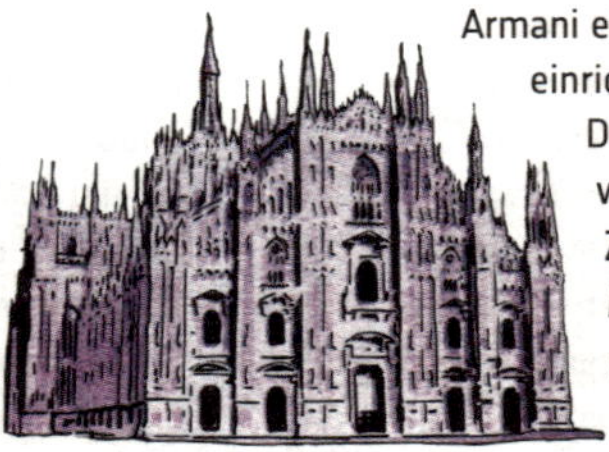

✳ Ex-Ansaldo

Ein historischer Ort der ehemaligen Industriestadt Mailand. Wo früher Lokomotiven gebaut wurden, befinden sich heute die **Werkstätten der Scala**. Im Aufbau ist auch das multiethnische Museum der Kulturen (ab 2015). Und außerdem wird hier der Modestar Armani ein eigenes Museum einrichten. Während der Design- und Modewochen ist in der Zona Tortona die *Movida*, das Swinging Mailand, unterwegs.

Via Bergognone, Via Tortona, Via Savona • U-Bahn M2 Sant'Agostino, Porta Genova, Bus 68 Bergognone

✳ Fopponino

Wenn man vom Piazzale Aquileia die Via San Michele del Carso hinunterschlendert, entdeckt man eine kleine Kapelle. Hinter dem Gitter sind Totenköpfe und alte Knochen zu sehen. Gruselig. Dieses *memento mori* erinnert nicht nur an den Tod, sondern an einen ehemaligen **Friedhof**, den *Fopponino*, der hier zusammen mit einem Hospital

Geht gar nicht

Mit hohen Absätzen den *Naviglio* entlang laufen. Die Straßen sind mit dicken Steinen gepflastert, da könnte leicht etwas schief gehen.

während der Pest 1576 eingerichtet wurde. Etwas abseits liegt die modern anmutende Kirche San Francesco al Foppino mit hübschen, naiven Gemälden zur Geschichte des Heiligen Franz.

Piazzale Aquileia • Bus 56, Straßenbahn 19 Piazzale Aquileia

Museo Alda Merini

Was für eine Frau! Mailands beliebteste und ein bisschen verrückte Dichterin lebte im Navigli-Viertel. Erst vor kurzem wurde ein Museum eröffnet. Im Erdgeschoss ist ein kleines literarisches Café zur Stärkung von Geist und Gaumen untergebracht, im ersten Stock werden gerade ein **Museum und eine Buchhandlung** eingerichtet. Es lohnt sich, die Gedichte und die Geschichte dieser Poetin, die 2009 im Alter von 78 Jahren gestorben ist, kennenzulernen.

Via Magolfa 32 • U-Bahn M2 Romolo, Porta Genova • +39 02/88 46 33 78 • www.casadelleartiste.it/blog/casa merini • Museumsbesuche müssen telefonisch vereinbart werden

Museo Diocesano

Das Ambiente ist bemerkenswert. Direkt am Parco delle Basiliche im ehemaligen Kloster hinter der Kirche von Sant'Eustorgio hat dieses **kirchliche Museum** seinen Sitz. Es zeigt eine Fülle von Gemälden, Statuen und liturgischen Gegenständen aus dem Schatz der Mailänder Diözese vom frühen Mittelalter bis heute. Dazu kommen Sonderausstellungen. Im Hof finden oft kleine Märkte und Veranstaltungen statt.

Corso di Porta Ticinese 95 • U-Bahn M2 Porta Genova, Bus 94, Straßenbahn 3 Porta Ticinese • +39 02/ 89 42 00 19 • www.museodiocesano.it • Di–So 10–18 Uhr • 8 €, Di 4 €

Naviglio Grande und Naviglio Pavese

Zwei der drei großen **Kanäle** der Stadt, die heute noch erhalten sind. Vom Ticino-Fluss führt der Naviglio Grande direkt bis nach Mailand. Auf ihm wurde zum Beispiel der Marmor für den Dombau aus dem Tessin über den Lago Maggiore bis nach Mailand transportiert. Heute wird der Kanal von Bars, Cafés und Restaurants gesäumt wie auch sein Nachbar, der Naviglio Pavese, der nach Plänen unter anderem von Leonardo da Vinci entwickelt wurde.

Viale Gorizia • U-Bahn M2 Porta Genova, Straßenbahn 2, 3, Bus 94 Porta Genova, Porta Ticinese • www.navigli lombardia.it • Bootstouren Mai–Sept. Fr–So ab Alzaia Naviglio Grande 4

✳ Parco Archeologico dell'Anfiteatro Romano

Viel ist es nicht, aber auch in Mailand stößt man auf Spuren der Römer. In der Antike lag das **Amphitheater** außerhalb der Mauern. Später ist die Stadt darüber hinweg gewachsen. Nach Ausgrabungen kann man unweit der mittelalterlichen Porta Ticinese in einem kleinen Park noch die Reste des Theaters erkennen.

Via de Amicis, Via Conca del Naviglio, Via Arena • Straßenbahn 2, 3, 14, Bus 94 Piazza Resistenza Partigiana, Piazza Ventiquattro Maggio, Colonne di San Lorenzo • +39 02/89 40 05 55 • Winter Di–Fr 9.30–16.30, Sa 9–14, Sommer Di–Fr 9–18.30, Sa 9–14 Uhr

✳ Parco delle Basiliche

Ein toller **Park**, der die zwei herrlichen Kirchen Sant'Eustorgio und San Lorenzo miteinander verbindet. Schön ist es, ihn zu Fuß von einem Ende zum anderen zu durchqueren. Aufgepasst: Der Park – heute offiziell Johannes Paul II. gewidmet – wird von einem Verkehrsring durchquert. Am nördlichen Ende bei der barocken Statue von San Lazzaro befand sich einst die Hinrichtungsstätte.

Via Molino della Armi, Piazza della Vetra, Via Vetere, Via Santa Croce • Bus 94 Via Molino delle Armi Piazza Vetra • Okt.–April 6.30–21, Mai–Sept. 6.30–23 Uhr

✳ Porta Ticinese

Davon gibt es gleich zwei. An dem Tor bei San Lorenzo hörte die mittelalterliche Stadt auf, die Barbarossa einst zerstörte. An dem Tor auf der Piazza XXIV Maggio endete das Mailand unter spanischer und österreichischer Herrschaft. Das **elegante neue Tor** hat allerdings der Franzose Napoleon von Antonio Canova in klassizistischen Formen bauen lassen – so international geht es eben in Mailand zu.

Corso di Porta Ticinese • U-Bahn M2 Porta Genova, Bus 94, Straßenbahn 3 Porta Ticinese

✳ Santa Maria Annunciata Chiesa Rossa

Auf einem grünen Fleck des Vorstadtgebietes unweit des Naviglio Pavese gruppieren sich um eine **kleine romanische Kirche** aus rotem Backstein (die Chiesa Rossa) landwirtschaftliche und vorindustrielle Bauten. Gestern und

Geht gar nicht

Im *Naviglio* baden. Das Wasser ist nicht gerade das sauberste. Also lieber kein Wettschwimmen mit den Ratten veranstalten.

heute mischen sich, in einem umgebauten Stall ist die Stadtteilbibliothek untergebracht. Es gibt auch eine moderne Chiesa Rossa um die Ecke, mit vollem Namen Chiesa di Santa Maria Annunciata in Chiesa Rossa. Sie wurde in den 1930er-Jahren vom Triennale-Baumeister Giovanni Muzio errichtet. Im Inneren eine sensationelle Lichtinstallation, das letzte Werk des 1996 verstorbenen, minimalistischen amerikanischen Künstlers Dan Flavin.

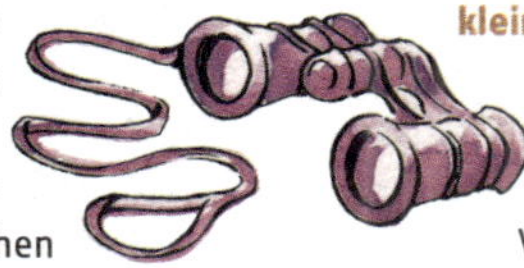

Via Chiesa Rossa 55/Via Neera 24 • U-Bahn M2 Abbiategrasso • +39 02/89 50 08 17 • www.photosmacr.com

* Santa Maria delle Grazie al Naviglio

Viele Mailänder gehen an dieser **Kirche** vorbei, ohne zu wissen, dass es sie überhaupt gibt. Vielleicht weil keine andere Kirche so oft abgerissen und neu gebaut wurde wie diese. Gegründet wurde sie um 1500, der jetzige Bau wurde um 1900 begonnen und bereits mehrfach wieder verändert. Neuromanisches mischt sich mit Neugotischem und ein bisschen Jugendstil ist auch dabei.

Alzaia del Naviglio Grande 34 • U-Bahn M2 Porta Genova • +39 02/837 28 87

* Spazio E

In einem charakteristischen Innenhof, gleich beim Naviglio Grande, ist diese **kleine Galerie** untergebracht. Es werden moderne Kunstwerke italienischer und internationaler Künstler zum Verkauf ausgestellt. Auch sind Skulpturen, Fotografien und alte Ikonen zu bewundern. Wie in allen Kunstgalerien ist der Eintritt frei. Allein wegen der wundervollen Location lohnt ein Besuch.

Alzaia Naviglio Grande 4 • U-Bahn M2 Porta Genova • +39 02/58 10 98 43 • www.zamenhofart.it • Mi–Sa 15–19, So 11–19 Uhr

Der Naviglio Grande bietet, wenn er mit Wasser gefüllt ist, romantische Ansichten: die Brücken, die Boote und rechts und links die bunten Cafés. →

Shopping

Wenn man die Gegend um die *Navigli* durchstreift, fallen interessante kleine Boutiquen und Läden auf. Vintage ist hier angesagt. Vor allem am letzten Sonntag im Monat, wenn auf dem Antiquitätenmarkt am Naviglio Grande alte Möbelstücke und Klamotten auf Kundinnen warten. Hinter der Porta Ticinese Richtung Innenstadt geht es richtig los. Der Corso di Porta Ticinese ist eine enge und kleine Shoppingstraße, die jedes Mädelherz zum Hüpfen bringt: ausgefallene Schuhe, Kleider, Tattoo-Shops und noch vieles mehr. Und wer Märkte liebt, kann auf dem Viale Papiniano ein Schnäppchen machen oder jeden Samstag bei der »Fiera di Senigallia« nach Klamotten suchen.

* Baby Boom

Baby- und Kinderkleidung neu zu kaufen, kann auch eine Verschwendung sein – nach wenigen Monaten sind die Sachen schon zu klein. Baby Boom bietet **gebrauchte Kinderkleidung** und Accessoires an. Von Bettchen über Schaukelstuhl bis zu Tischen und T-Shirts. Hier bekommt man für wenig Geld immer das, was man gerade braucht.

Via Savona 2/a • U-Bahn M2 Sant'Agostino, Porta Genova • +39 02/ 581 13 47 • www.babyboommilano.it • Mo 15–19, Di–Sa 10–14, 15.30–19 Uhr

* Carrè

Direkt an der U-Bahnhaltestelle Sant' Agostino schauen tief gelegene Schaufenster freundlich zu Passanten auf. Carrè ist in einem Tiefparterre untergebracht. Für Küchenliebhaber ist es der absolute Top-Laden. Design, Schönheit und Eleganz sind hier vereint. Moderne **Küchengeräte**, aber auch Tische, Stühle und besondere Haushaltsartikel.

Viale Papiniano 38 • U-Bahn M2 Sant'Agostino • +39 02/46 81 89 • www.carremilano.it • Mo 15–19.30, Di–Sa 10.30–19.30 Uhr

* Il Girotondo

Secondhandläden, die Vintage-Klamotten verkaufen, gibt es in Mailand unzählige. Aber nur wenige verkaufen auch moderne Kleidung. Il Girotondo bremst so den Konsumwahnsinn ein

! Alte Dinge, neuer Stil

Wer liebt es nicht, über einen Flohmarkt zu bummeln? Die sind in der Modestadt Mailand immer etwas edler. Der wohl berühmteste ist der Antiquitätenmarkt beim Naviglio Grande, immer am letzten Sonntag im Monat von 9 bis 18 Uhr (www.navigliogrande.mi.it). Ein echter Klassiker. Entlang des Kanals stellen die Händler ihre (meist teuren) Waren aus. Auf den ersten Blick sieht alles sehr nach Flohmarkt aus, jedoch ähneln die Preise eher Elefanten als Flöhen. Hier findet man antike und schicke Möbelstücke, Lampen aus den 1950er-Jahren und vieles mehr. Zum Glück sind in den Seitenstraßen Klamotten angesagt. Ob es der Oma einer Freundin gehört hat, ist ja ganz egal. Markentaschen, Hüte und Kleider. Eben alles, was zu einem richtigen Vintage-Mädel passt. Mit ein wenig Glück kann man hier auch ein Schnäppchen machen.

Etwas ganz anderes findet man jeden Samstag von 8 bis 18 Uhr auf der sogenannten »Fiera di Sinigallia« (www.fieradisinigallia.it). Die zählt zwar als Flohmarkt, aber der Name täuscht. Das ist ein sehr alternativer Markt, auf dem vor allem bunte afrikanische und indische Stoffe verkauft werden: von langen Röcken bis hin zu Ledersandalen. Hier sind viele junge Leute unterwegs, die sich der offiziellen Mode entziehen wollen, um »alternativ und revolutionär« zu wirken. Wenn man den Blick ein bisschen schweifen lässt, findet man ab und zu ganz interessante Stände, zum Beispiel mit selbstgemachtem Schmuck oder alten Büchern.

Der »Mercatone dei fiori« beim Naviglio Grande ist schließlich der romantischste Markt. Mailänder und Touristen haben allerdings nur einmal im Jahr an einem Tag im April die Möglichkeit, das Blumen- und Pflanzenparadies zu besuchen (www.navigliogrande.mi.it). Sehr verführerisch sind all die kleinen Cafés, in denen man hier mit einer Pflanze in der Tüte etwas Kleines essen oder trinken kann. Aber die haben zum Glück das ganze Jahr über geöffnet.

wenig. Eine gute Art, um der Krise aus dem Weg zu gehen. Außerdem kommen alle Kleidungstücke aus den Schränken schicker Mailänderinnen.

Viale Coni Zugna 19 • U-Bahn Sant' Agostino, Straßenbahn 19, Bus 50 Viale Coni Zugna, Via Foppa • +39 02/94 39 42 92 • www.girotondoweb.it • Mo, Sa 10–13, 15–19, Di–Fr 10–19 Uhr

Il Tirolo a Milano

Ob man es glaubt oder nicht, Südtirol ist eine italienische Region – obgleich sie eigentlich nicht viel mit Italien zu tun hat. Trotzdem liebt man es. Genauso wie den Laden in der Viale Coni Zugna, der die Bergatmosphäre perfekt widerspiegelt. Hier werden typische **Produkte aus Tirol** verkauft, von den weichen Pantoffeln bis zu den lustigen Hüten und sogar Nahrungsmittel.

Viale Coni Zugna 62 • U-Bahn M2 Sant'Agostino, Porta Genova • +39 02/837 38 41 • www.iltiroloamilano.it • Mo 16–19.30, Di–Fr 9.30–13, 16–19 Uhr

Laura Urbinati

Die Römerin Laura Urbinati wurde mit ihren **Minimal-Chic-Bikinis** erfolgreich. Manche berühmte Frau hat sie schon betört, z. B. Demi Moore oder Uma Thurman. Ihr Konzept ist es, so schlicht wie möglich die weibliche Figur zu betonen. In ihrer Boutique verzaubert sie alle Mailänderinnen, die sich das leisten können.

Piazza S. Eustorgio 6 • U-Bahn M2 Porta Genova, Straßenbahn 3, Bus 94 Piazza Ventiquattro Maggio, Colonne di San Lorenzo • +39 02/836 04 11 • www.lauraurbinati.com • Mo–Sa 10.30–19 Uhr

Mauro Leone

Die beliebtesten **Schuhe** der Mailänder Mädels findet man hier, ob elegante *Decoltē* (Schuhe mit flachem Absatz) oder einfache Ballerinas. Die neueste Mode: Frauenschuhe im Stil von Männerschuhen. Lustige Farbkombinationen und originelle Schuhe für die Mutigen und Alternativen sind hier auch zu haben. Und alles hundert Prozent Made in Italy. Keine Kreditkarten, nur Bargeld.

Corso di Porta Ticinese 60, Corso di Porta Ticinese 103 • U-Bahn M2 Porta Genova, Straßenbahn 3, Bus 94 Piazza Ventiquattro Maggio, Colonne di San Lorenzo • +39 02/89 42 91 67, +39 02/58 10 50 41 • Mo 15–19.30, Di–Sa 10–19.30, So 15.30–19.30 Uhr

✳ Memêm

Ein bisschen Paris in Mailand. Einfach traumhaft, die französische Art, nach der hier Kleider ausgestellt werden. Diese **Mini-Boutique** ist mit altem, recyceltem Material eingerichtet und die Kleider sind kleine Kunstwerke unbekannter, aber exzellenter Designer. Wer hier einkauft, zeigt richtig guten Stil.

Via Savona 1 • U-Bahn M2 Sant' Agostino, Porta Genova • +39 02/36 75 38 46 • Mo 15.30–20, Di–Sa 10.30–14.30, 15.30–20 Uhr

↑ *Frisches Brot bekommt man auf dem Markt längs der Viale Papiniano, aber auch Klamotten, Schuhe, Obst …*

✳ Mercato di Via Papiniano

Auf einem **Markt** herumzuschlendern, das macht einfach Spaß. Die Viale Papiniano verwandelt sich am Dienstagvormittag und Samstagnachmittag in eine interessante Shoppingmeile. Schnäppchen sind hier garantiert. Für wenige Euro findet man Klamotten, Taschen und Schuhe. Ein bisschen rumwühlen muss man schon, aber am Schluss wird es sich lohnen.

Viale Papiniano • U-Bahn M2 Sant' Agostino • Di 8–13.30, Sa 8–17 Uhr

✳ My Closet

Im Herzen des Ticinese-Viertels ist My Closet einer der **Fixpunkte der Mailänder Modeszene**. Die meistverkaufte Marke Happiness bietet T-Shirts in allen Farben und Größen mit lustigen Aufdrucken oder Fotos. Hip-Hop, Rock, Pop und Street-Art, die sich in Klamotten und verschiedene Accessoires verwandeln.

Corso di Porta Ticinese 1 • Straßenbahn 14, 2 Carrobbio • +39 02/72 19 19 52 • Mo 15–19.30, Di–Sa 10–14, 15–19.30 Uhr

✳ Nipper

Klänge vergangener Zeiten gibt jeder Gegenstand dieses Ladens preis. Ob Grammofon, Telefon, Mikrofon oder Schreibmaschine, bei Nipper gibt es **kuriose Dinge** zu kaufen oder zu mieten. Jeder Gegenstand wird repariert und restauriert, bevor er in die

Auslage kommt. Interessant zu sehen, was es alles auf der Welt gab – und noch gibt.

Corso di Porta Ticinese 69 • U-Bahn M2 Porta Genova, Straßenbahn 3, Bus 94 Piazza Ventiquattro Maggio, Colonne di San Lorenzo • +39 02/837 69 47 • www.nipper.it • Mi–Sa 14–20 Uhr

✳ Panpepato

Versteckt im Grünen eines Parks steht eine bunte Bank, von ihr blickt man in ein wundervolles Schaufenster. Der winzig kleine Laden am Rande des Parco Solari verkauft **handgeschneiderte Klamotten** mit bunten Farben und Mustern. Giulia und Martina, die Besitzerinnen, legen großen Wert auf die Qualität ihrer Produkte. Nicht nur Kleider, T-Shirts und Pullover, sondern auch Schmuck und Taschen gibt es. Da gibt man gerne auch etwas mehr aus.

Via Andrea Solari 2 • U-Bahn M2 Sant'Agostino • +39 02/431 02 43 • www.panpepato.com • Mo 15–19.30, Di–Sa 10–14, 15–19.30 Uhr

↓ *Ape, »Biene«, heißt das typische Gefährt, das sich hier nostalgisch verkleidet hat. Vintage ist in Mailand angesagt, auch auf der Straße!*

✳ Pourquoi Moi

Die supernette Juliana bringt mit ihrem Laden ein wenig London-Style nach Italien. In Mailand arbeitet sie hauptberuflich als DJ, aber sie stellt auch **Vintage-Klamotten** her. Das bunte Ambiente wirkt durch den ausgestellten Schmuck, die Lampen und Kerzenhalter noch einladender. Die Öffnungszeiten variieren am Vormittag, aber am Nachmittag ist immer jemand da, um die 1960er-Jahre wieder zum Leben zu erwecken.

Ripa di Porta Ticinese 27 · U-Bahn M2 Porta Genova · +39 33/95 79 28 38 · So, Mo 15–20, Di–Sa 12–20, letzter So im Monat 10–19 Uhr

✳ Salvatore e Marie

Salvatore ist Italiener, Marie Irin. Anscheinend ist das eine gute Mischung, denn die beiden haben einen traumhaften Laden hinter dem Naviglio Grande in der Via Vigevano eröffnet. **Accessoires** und Designmöbel lassen die Atmosphäre modern, aber dennoch intim wirken. Es handelt sich bei allem um Einzelstücke, die jeder Person oder jedem Ambiente etwas Individuelles geben können.

Via Vigevano 33 · U-Bahn M2 Porta Genova · +39 02/89 42 21 52 · Mo 15.30–19, Di–Sa 10–19.30 Uhr

✳ Specchio di Alice

Nun ist es klar: **Vintage** ist in Mailand sehr beliebt. Vor allem, wenn es am Corso Ticinese gekauft wurde und ganz besonders bei Specchio di Alice. Die Mädels sehen sich wie Alice im Wunderland durch den Spiegel gleichsam in eine andere Welt verzaubert.

Corso di Porta Ticinese 64 · U-Bahn M2 Porta Genova, Straßenbahn 3, Bus 94 Piazza Ventiquattro Maggio, Colonne di San Lorenzo · +39 02/837 89 69 · Mo–Sa 10.30–19 Uhr

✳ Target

Das **Krimskramsparadies**. Wenn man ein Geschenk sucht, ist Target der ideale Ort. Unbeschreiblich viele Gegenstände liegen überall herum. Vom rosa Plüschtelefon bis zu Gadgets und Haushaltssachen wie Tassen, Lunchboxen und sogar Tische. Achtung: Es fällt schwer, rauszugehen, ohne etwas gekauft zu haben.

Corso di Porta Ticinese 12 · Straßenbahn 14, 2, 3 Carrobbio, Piazza Ventiquattro Maggio · +39 02/86 91 74 25 · www.targetregalo.it · Mo 15–19.30, Di–Sa 10.30–19.30 Uhr

Restaurants & Cafés

Alle lieben die *Navigli*. Hier werden Vorurteile abgebaut und die unterschiedlichen Mailänder Identitäten vermischen sich. Ob reich oder arm, fashion, alternativ oder radical-chic – jeder kann seinesgleichen, aber auch den anderen finden. Im Mailänder Kanalviertel wimmelt es von kleinen Boutiquen, Bars, Cafés und Restaurants. Und das nicht nur um den Hauptkanal herum. Richtung Porta Genova und Zona Tortona oder rund um das Ticinese-Tor sieht es nicht viel anders aus. Ein schöner Ort für Kaffeesüchtige oder Pausenliebhaberinnen, an dem man die Stadt mit Kuchen, Kaffee oder Tee genießen kann.

✳ Acquasala

Italienisches Essen ist, wie jeder weiß, einfach Spitze. Jede italienische Region trägt dazu mit dem Besten ihrer Küche bei. Bei Acquasala ist **Apulien** an der Reihe. Fisch, Fleisch und viele verschiedene Gemüsearten bieten ein gastronomisches Spektakel. Das Essen steht mit der Location und dem Service im Einklang: Spontaneität, Gastfreundschaft, Wärme und alles, was man sich vom Süden Italiens wünscht.

Ripa di Porta Ticinese 71 • U-Bahn M2 Porta Genova • +39 02/89 42 39 83 • www.acquasala.it • Di–So 12.30–14.30, 19.30–0 Uhr

✳ Angelo's Bistrot

Klein, gemütlich und köstlich. In der Via Savona, einem der Mailänder Treffpunkte, kann man sowohl mittags als auch abends **leichte und gesunde Gerichte** genießen. Ideal, um in einer kosmopolitischen Atmosphäre mit einer Freundin zu quatschen. Poster von Moira Orfei, einer italienischen Schauspielerin und Königin des Zirkus, hängen an den Wänden und lassen die Popseele dieses Restaurants erkennen. Gute Preise und netter Service.

Via Savona 55 • U-Bahn M2 Sant' Agostino, Porta Genova • +39 02/45 54 86 42 • Tgl. 9.30–16, 18.30–23 Uhr

✳ Bistrò del Tempo Ritrovato

Wer ein bisschen **intellektuelle Atmosphäre** liebt, kann sich zwischen Büchern, Kaffeegeruch und einem Klavier wohlfühlen. Ein großer Holztisch in der Mitte des Saales gehört zum sympathischen Ambiente. An den Wänden reihen sich Regale mit hunderten von Büchern (zum Kauf!). Die wenigen weißen Wände und die Türen sind mit Zitaten bedeckt. Man sitzt auch hübsch draußen vis-à-vis dem Parco Solari. Für Kopf, Bauch und Gaumen!

Via Vincenzo Foppa 4 • U-Bahn M2 Sant'Agostino • +39 02/36 50 31 46 • www.bistrodeltemporitrovato.it • Mo–Sa 6.30–20, So 7.30–15 Uhr

✳ Boccino

Das traditionelle Restaurant mit **mediterraner Küche** und einem Holzofen für die Pizza liegt im stimmungsvollen Tortona-Viertel. Von der Terrasse im ersten Stock blickt man auf eine Boccia-Bahn. In dem ehemaligen Industrieviertel hat sich die Mailänder Modeszene mit Showrooms und Studios angesiedelt. Brot, Grissini und Dessert sind hausgemacht und die Weinkarte wird auch nicht enttäuschen (hat aber ihren Preis).

Via Tortona 21 • U-Bahn M2 Porta Genova • +39 02/89 41 55 62 • www.ristoranteboccino.it • Mo–Fr 12.30–14.30, 19.30–23, Sa 11.30–14.30, 19.30–23 Uhr

✳ Ciriboga

Ein kleines, buntes Restaurant. So klein, dass Reservieren ein Muss ist. Ein Ambiente, das auf den ersten Blick ein bisschen revolutionär und anarchistisch wirkt. Nach einer Weile bemerkt man die radikal-schicke Atmosphäre: Bürgertum, das **Bohemien** spielt. Trotzdem sehr nette und gemütliche Stimmung. Die Gerichte sind ein bisschen verrückt, und der Koch spielt oft mit den Zutaten. Bis jetzt war das Ergebnis immer sehr interessant.

Die baristi *an den* Navigli *sind nicht alle so schick, doch ein paar weiß gewandete Männer sieht man noch.* →

Via Savona 10 • U-Bahn M2 Sant'Agostino, Porta Genova • 39 02/832 24 96 • Tgl. Mo–Sa 12.30–15, 19–23 Uhr

✳ Clivati

Die beste Zeit, um in diese *pasticceria* zu gehen, ist Sonntag zum **Frühstück**. Die Einrichtung kann ein bisschen abschrecken – sie war vielleicht vor 30 Jahren schick. Aber die frischen Hörnchen und das Gebäck sind köstlich. Man fühlt sich hier ein bisschen wie im englischen Teesalon. Aber die Produkte: Wow! Italienischer geht es gar nicht.

Viale Coni Zugna 57 • U-Bahn M2 Sant'Agostino • +39 02/89 40 33 38 • www.pasticceriaclivati.com • Tgl. 7–20 Uhr

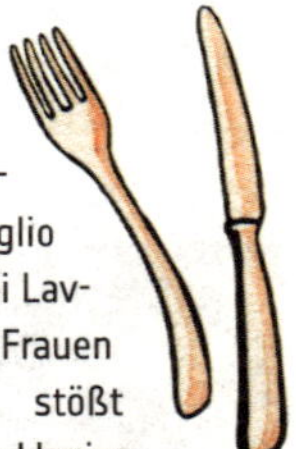

✳ El Brellïn

Beim Spazieren entlang des Naviglio Grande am Vicolo dei Lavandai, dort wo einst Frauen Wäsche wuschen, stößt man auf dieses exklusive **Bar-Restaurant**. Die Atmosphäre gehört zu den romantischsten, die man in Mailand finden kann. Im Erdgeschoss blickt man zum Aperitif von der Bar direkt auf den Naviglio Grande. Zum Essen geht man in den ersten Stock. Hundert Prozent Mailänder Gerichte in einem traumhaften Ambiente.

Vicolo dei Lavandai, Ecke Alzaia Naviglio Grande 14 • U-Bahn M2 Porta Genova • +39 02/58 10 13 51 • www.brellin.it • Restaurant: tgl. 12.30–15, 19–23, Bar: 18/19–2 Uhr

✳ Giorgia

Warme *brioche*, Gebäck mit Creme und Rosinen und ein köstlicher *marocchino* (Espresso mit Kakao und Schokolade) dazu, das ist ideal, um morgens startklar zu sein. Nicht zu süß und klebrig, wie leider so oft in **Konditoreien**, sind die leckeren *pasticcini* (Kleingebäck). Außerdem alles zu einem Superpreis.

Piazza del Rosario 1 • U-Bahn M2 Sant'Agostino, Straßenbahn 14 Piazza del Rosario • +39 02/837 30 95 • www.pasticceriagiorgia.it • Di–So 7–20 Uhr

✳ Gogol & Company

Am Ende der lebendigen Via Savona, dort, wo die Autos parken und die normale Wohngegend beginnt, warten ein paar Ledersessel auf neugierige Gäste. Der Vanilleduft ist unwiderstehlich. Es sind die Muffins, die man hier täglich frisch bekommt. Ein Café war es ursprünglich nicht. Hier hat sich eine Gruppe von Freunden ihren Traum von einem unabhängigen Buchladen erfüllt, der auch ein schöner Ort für eine **Kaffeepause** geworden ist.

Via Savona 101 · Straßenbahn 14, Bus 50, 61 Via Giambellino Via Tolstoj, Via Lorenteggio Via Tolstoj · +39 02/ 45 47 04 49 · www.gogoland company.com · Di–So 9–22 Uhr

↑ *Bücher stehen in Mailand nicht nur in Buchläden, sondern auch in einigen Bars und Lokalen, etwa bei »Gogol & Comapany«.*

✳ L'altro Luca e Andrea

Die Besitzer haben sich aus dem kleinen Wortspiel einen Spaß gemacht: »Der andere Luca und Andrea« ist das **Restaurant** zu der Bar, die zehn Hausnummern entfernt liegt und eben »Luca e Andrea« (S. 132) heißt. Leider sehr touristisch, aber essen kann man hier ganz anständig. Ideal für eine etwas längere Mittagspause.

Alzaia del Naviglio Grande 24 · U-Bahn M2 Porta Genova · +39 02/ 89 41 57 71 · www.lucaeandrea navigli.it · Tgl. 12–23 Uhr

✳ La Magolfa

Wer nicht so viel Geld hat, aber trotzdem im Navigli-Viertel eine **Pizza oder Pasta** essen möchte, ist im Magolfa goldrichtig. Das Essen ist superpreiswert, die Eigentümer sind sehr freundlich und überlassen nichts dem Zufall. Kein Luxus-Sterne-Restaurant, aber das Essen ist garantiert so anständig, dass man einen schönen Abend verbringen kann.

Via Magolfa 15 · U-Bahn M2 Porta Genova · +39 02/832 16 96 · www. lamagolfa.it · Tgl. 12–14.30, 19–1 Uhr

✳ La Tradizionale

Schon beim Reingehen macht dieses **Restaurant** einen eleganten Eindruck. Durch einen Hof mit vielen Pflanzen kommt man in ein geräumiges Lokal. An der Decke schweben Lichter, Kupferdekorationen und die Holzeinrichtung geben dem Ambiente eine freundliche Wärme. Elegant zeigt sich die große Veranda. Von Glasscheiben geschützt, sitzt man auch im Winter gleichsam draußen.

Via Bergognone 16 · U-Bahn M2 Sant'Agostino, Porta Genova · +39 02/42 29 20 26 · www.latradizionale.com · Mo 19.30–0, Di–So 12.30–14.30, 19.30–0 Uhr

✳ Latteneve

Zu einem *Navigli*-Spaziergang passt in den Sommermonaten ein leckeres **Eis**. In Italien ist das eigentlich obligatorisch. Latteneve gehört zu der neuesten Eisdielen der Gegend, erst im Sommer 2014 eröffnete Carlo Lanzoni seine eigene Gelateria. Natürlich ist von selbst hergestelltem Speiseeis die Rede.

Via Vigevano 27 · U-Bahn M2 Porta Genova · +39 02/39 81 12 58 · Tgl. 13–0 Uhr

✳ Luca e Andrea

Jetzt also zu den »eigentlichen« Luca und Andrea (für die »anderen«, s. S. 131) – ein kleines, nettes **Bar-Bistro** im Herzen des Navigli-Viertels. Im Sommer stehen draußen bunte Stühle, und die Bedienung ist immer freundlich. Wer jetzt Luca und wer Andrea ist, ist deswegen auch nicht so wichtig. Einen kalten Kaffee im Sommer draußen zu trinken oder im Winter eine heiße Schokolade drinnen zu schlürfen, macht keinen großen Unterschied. Hier geht es einem immer gut.

Alzaia del Naviglio Grande 34 · U-Bahn M2 Porta Genova · +39 02/58 10 11 42 · www.lucaeandreanavigli.it · Mo 8–17, Di–So 8–2 Uhr

✳ Mag Cafè

1920er-Jahre-Atmosphäre im Stil *parisien* am romantischen Naviglio Grande. Wie fast jede Bar in dieser Gegend hat sie den ganzen Tag geöffnet. Am Vormittag ideal für eine Kaffeepause, mittags für einen Snack. Abends kann man sich bei einem schönen Cocktail amüsieren. Zur Kundschaft gehört leider der typische, leicht hochnäsige radical-chice Mailänder, aber davon muss man sich ja nicht unbedingt beeindrucken lassen.

Ripa di Porta Ticinese 43 • U-Bahn M2 Porta Genova • +39 34/00 98 40 23 (mobil) • Tgl. 7–2 Uhr

✳ Osteria del Binari

Einer der Orte in Mailand, wo gutes und deftiges Essen zu Hause ist. Und **piemontesische Küche** auf einer Veranda unter einer Laube zu genießen, ist das nicht romantisch? Plätze gibt es genügend, die Preise sind der Lage angepasst. Hier bekommt man den typischen *pinzimonio* (rohes Gemüse zum Tunken in Öl und Essig), viel Wild und Schinken oder die gute alte *mortadella*.

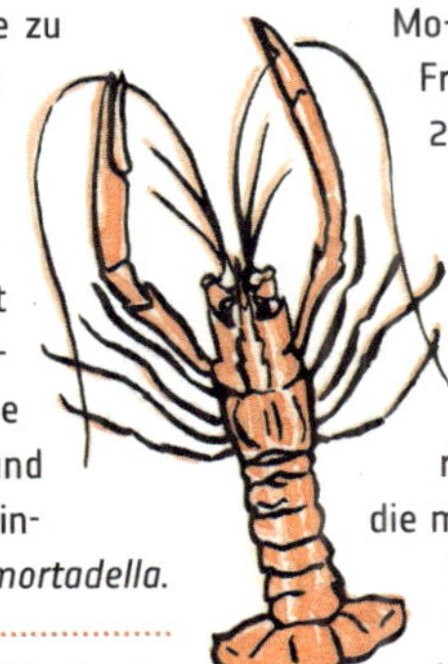

Via Tortona 3 • U-Bahn M2 Sant' Agostino, Porta Genova • +39 02/ 839 50 95 • www.osteriadel binari.com • Tgl. bis 23 Uhr

✳ Pizzeria Spontini

Alle lieben **Pizza**. Aber aufgepasst, hier geht es nicht um die flache, runde, neapolitanische. Bei Spontini gibt es die Pizza *al trancio* (am Stück). Sie ist zwei Zentimeter hoch und schmeckt dennoch fantastisch. Das Lokal ist kalt und ungemütlich, also am besten die Pizza zum Mitnehmen bestellen und sie im Park oder anderswo genießen!

Viale Papininano 43 • U-Bahn M2 Sant'Agostino • +39 02/ 83 66 00 98 • www.pizzeriaspontini.it • Mo–Do 11.45–14.30, 18–23.30, Fr 18–23.30, Sa 18–0, So 18–23 Uhr

✳ Trattoria Emanuela

Wer **italienisches Essen wie bei Muttern** sucht, ist hier richtig. Die beste Mittagspause, die man in der Gegend machen kann. Die typisch italienische Menüfolge mit einem Nudelgericht *(primo)*, Fleisch oder Fisch mit Gemüse *(secondo)*, Dessert *(dolce)* und Kaffee macht nicht nur pappsatt, es kostet auch wenig. Jedoch geht es eher hektisch zu, da alle wieder schnell zur Arbeit müssen.

Via Carlo Torre 5 • U-Bahn M2 Romolo, Porta Genova • +39 02/89 45 47 13 • Mo–Sa 12.30–14.30 Uhr

Wellness

Wohlsein von Körper und Geist, das wünschen sich alle. Vor allem im Urlaub nach langen Monaten viel zu vieler Arbeit. Denn nicht wenige verschieben leider das Wellnessprogramm. Entweder zu teuer oder keine Zeit. Man muss bei einem Mailandbesuch nicht gleich in ein super Spa gehen, man kann sich auch mit kleinen Dingen verwöhnen. Ein breites Angebot gibt es in dieser Gegend allerdings nicht, dafür aber verschiedene Bioläden, in denen man sowohl Nahrungsmittel als auch andere Bioprodukte kaufen kann. Und wer möchte, darf sich natürlich eine Massage gönnen …

* Amarna Blu

Nicht nur der Körper, auch die Seele muss sich vom täglichen Stress erholen. Armana bietet ein umfassendes Konzept fürs Wohlbefinden. **Yoga und Meditation** werden in allen Formen angeboten. Außerdem individuelle Sitzungen, damit jeder den Zugang zum inneren Wohlgefühl findet.

Via Solari 2/a • U-Bahn M2 Sant' Agostino • +39 34/83 44 31 00 • Mo–Sa 9–18 Uhr

* Calicanto Day Spa

Angeblich eines der zehn besten Spas in ganz Italien. Kein Wunder! Das Angebot ist nicht riesig, dafür aber fantastisch. **Hair-Spa**, Friseur, Massagen, Pediküre, Maniküre, Hamam und viele andere Behandlungen. Eine Bachblüten-Beratung ist auch dabei. Einfach anrufen oder hingehen und sehen, welche Angebote es gerade gibt.

Via Angelo Mauri 5 • U-Bahn M1 Pagano Conciliazione, Straßenbahn 16 Corso Vercelli, Via Settimio Severo • +39 02/48 51 75 88 • www.calicantodayspa.it • Di, Do 10–20, Mi, Fr 9–19, Sa, So 10–19 Uhr

Don't miss

Den Vicolo dei Lavandai. Im Waschbecken wuschen die Frauen im 19. Jahrhundert die Kleider. Ein romantischer und ruhiger Ort, um sich kurz auszuruhen. An der Ecke im »El Brellin« kann man den Tag mit einem Aperitif krönen.

* Centro Estetico Beauty Time

Ein ganz einfaches **Schönheitsstudio**. Hier lassen sich meist Stammkundinnen von den Expertinnen ein wenig verwöhnen. Ältere Frauen kommen für eine Anti-Aging-Behandlung und jüngere für Bein- und Körperdepilation, um immer hübsch auszusehen. Beauty Time bietet außerdem noch einen Make-up-Service, diverse Massagen und Maniküre an.

Via Solari 43 • U-Bahn M2 Sant'Agostino, Straßenbahn 14 Via Solari, Via Stendhal • +39 02/36 70 42 82 • www.centroesteticobeautytime.com • Di–Sa 10–19 Uhr

* La Bottega del benessere

Ein **Beautycenter**, das gleichzeitig auch eine kleine Kunstgalerie ist. Es hängen hier und dort Werke moderner Künstler und schon wird die Atmosphäre exklusiver und urbaner. Viele Behandlungen sind dem Anti-Aging gewidmet, damit man sich in jedem Alter hübsch und gut fühlen kann. Massagen und romantische Valentinstag-Behandlungen gibt es auch.

Corso Vercelli 20 • U-Bahn M1 Conciliazione, Pagano, Straßenbahn 16 Corso Vercelli, Via Settimio Severo • +39 02/43 98 65 21 • www.labottegadelbenessere.com • Mo–Sa 10–19 Uhr

* Il PuntoBio

Wellness hat viele verschiedene Gesichter. Das PuntoBio gehört zur Vereinigung SIMO, die sich um die Ausbildung und Verbreitung holistischer Medizin kümmert. Es ist kein einfacher **Biosupermarkt**. Hier werden alle Produkte verkauft, die für heilpraktische Kuren benötigt werden; von Büchern über Bachblüten bis zu pflanzlichen Nahrungsmitteln. Auch für Kundinnen, die sich selbst um ihr inneres Wohlbefinden kümmern möchten.

Ripa di Porta Ticinese 79 • U-Bahn M2 Porta Genova • +39 02/45 49 02 81 • www.scuolasimo.it • Mo–Sa 9.30–13, 14.30–18.30 Uhr

* Seccia Luciano

Zu einem perfekten Mädel gehört natürlich eine **perfekte Frisur**. Hairdresser Luciano ist schon vor Jahren in die Welt der Damenfrisuren eingetaucht. Ob kurz oder lang, dunkel oder hell, mit seiner Schere kreiert er unwiderstehliche Looks. In seinem kleinen Salon wird man von lieben Assistenten verwöhnt und amüsiert sich bei einem Kaffee und einer netten *chiaccherata* (Plauderei).

Viale Coni Zugna 59 • U-Bahn M2 Sant'Agostino • +39 02/89 41 03 23 • Di–Sa 9–19 Uhr

Ausgehen

Die Mailänder *Movida*, wie die Vergnügungsszene nach spanischem Vorbild genannt wird, hat bestimmte Stadtteile, die »in« sind. Die Leute ziehen von einer Ecke zur anderen, stehen im Stau, suchen wie verrückt Parkplätze, nur um in der richtigen und angesagten Location zu sitzen. Einer dieser »coolen Orte« sind die *colonne*. Die Jugendlichen sitzen unter antiken römischen Säulen oder auf den Treppen der San-Lorenzo-Kirche und trinken Bier oder Cocktails aus Plastikbechern. An Sommerwochenenden ist hier der Teufel los! Oder auch in einer der Bars am Naviglio Grande oder am Naviglio Pavese. Die Tortona-Gegend sollte man vor allem während der Modewochen vier Mal im Jahr und während des Designtrubels nicht versäumen.

* Al Coccio

Die schönen Terrakottabecher geben dem **Bier** einen besonderen Geschmack. Man kann verschiedene Biersorten vom Fass oder aus der Flasche probieren. Das Ambiente ist einladend, Minimal-Jazz bestimmt die Atmosphäre. Im Sommer sitzt man draußen. Cocktails und Kleinigkeiten zu essen gibt es den ganzen Tag über. Achtung: keine Kreditkarten.

Alzaia Naviglio Pavese 2 • U-Bahn M2 Porta Genova, Straßenbahn 9 Via Vigevano, Viale Gorizia • Mo 20–2, Di–Fr 12–16, 20–2, Sa–So 13–2 Uhr

Don't miss

Designwoche in Mailand, den Treffpunkt vieler italienischer und internationaler Designer. In den kleinen Gassen der Zona Tortona wird gefeiert bis spät in die Nacht.

* Blues Canal

Vom Mississippi zum Naviglio Grande. Ein bisschen amerikanischen Blues nach Mailand zu bringen, das lag dem Gründer Gatullo am Herzen. Heute wird das Lokal vom Sohn geleitet, der die Tradition der **Livemusik** hochhält. Auch ein Restaurant, aber die Cocktailbar überzeugt mehr.

Via Casale 7 • U-Bahn M2 Porta Genova • +39 02/8 36 07 99 • www.bluescanal.it • Di–So 18–2 Uhr

! Aperitif oder Happy Hour?

»Ci vediamo per un'ape?« In Mailand liebt man es, sich mit einer Freundin zum Aperitif zu verabreden. Woher kommt jedoch diese so beliebte Gewohnheit? Schon die Griechen und Römer tranken vor ihren Mahlzeiten Wein mit einer Honig- oder Gewürzmischung, um den Magen für die kommenden Gelage und Schlemmereien zu öffnen. Die lateinischen Wörter *aperitivus* und *aperire* bedeuten so viel wie »sich öffnen« oder »anfangen«. Der Ausdruck Aperitif wiederum kommt aus dem Französischen und wurde Ende des 19. Jahrhundert ins Deutsche übernommen. Es war aber eine Italienerin, Caterina de' Medici, die einen französischen König geheiratet und diese neben anderen Tischsitten von Florenz nach Paris gebracht hat. So kamen das Getränk und »der Wunsch, sich dem Durststillen zu öffnen« (wie die Römer gesagt hätten) zu ihrem griffigen Namen.

Der Aperitif hat heute vor allem eine soziale Komponente. Man trifft sich mit Freunden und tauscht *chiacchiere*, Plaudereien, aus. Ursprünglich war der *aperitivo* ein einfacher Appetitanreger. Ein *bianchino*, ein Glas sprudelnder Weißwein, oder ein leichtes alkoholisches Getränk wurden in der Lieblingsbar im Stehen getrunken. Mit der Zeit entwickelte sich in Mailand der Aperitif zu einem Ritual. Zum einfachen Getränk mit etwas Knabberzeug kamen bald ein paar Häppchen, Pizzastücke und kleine Antipasti hinzu und inzwischen gibt es zur Happy Hour sogar Pasta- und Fleischgerichte.

Gibt es überhaupt einen Unterschied zwischen Aperitif und Happy Hour? Umgangssprachlich geht es um dasselbe, jedoch dienen sie, streng genommen, unterschiedlichen Zwecken. Den klassischen *aperitivo* trinkt man vor dem Dinner, bei der Happy Hour bekommt man zusammen mit dem alkoholischen Getränk ein kleines Abendessen.

⁎ Cape Town

Typische **Mailänder American Bar** mit einem dicken Holztresen, wenigen Tischen drinnen und draußen und guten Cocktails. Der Aperitif ist mit nur fünf Euro einer der preiswertesten der Gegend. Man kann dieses Lokal nicht übersehen. Um reinzugehen, muss man sich am Wochenende durchdrängeln, da eine Menschentraube auf der Straße den Eingang blockiert. Sehr beliebt!

Via Vigevano 3 • U-Bahn M2 Porta Genova • +39 02/89 40 30 53 • Tgl. 7–23, Aperitif 18–21 Uhr

⁎ Circolo Arci Cicco Simonetta

Man soll sich nicht von den 10 oder 13 Euro abschrecken lassen, die man beim Reingehen zahlen muss, um einen Mitgliedspass zu bekommen. Dieser gilt nämlich das ganze Jahr in jedem Circolo Arci in ganz Italien. **Kulturzentrum**, in dem abends Livekonzerte (vor allem Jazz) stattfinden. Das Lokal ähnelt einem kleinen, exzentrisch eingerichteten Wohnzimmer, in dem Wein, Bier und gute Laune garantiert sind.

Via Cicco Simonetta 16 • U-Bahn M2 Sant'Agostino, Porta Genova, Straßenbahn 2, 14 Porta Genova, Corso Genova

⁎ EGO

Die bunte Schrift fällt beim Vorbeigehen sofort auf. Es handelt sich jedoch um kein Massenlokal. Selbst viele Mailänder haben diese **Cocktailbar** noch nicht entdeckt. Neu ist auch das Konzept: Die Stimmung ist entspannt und die Cocktails haben nichts mit den typischen Drinks zu tun. Es werden neue und unterschiedliche Mischungen ausprobiert. Ein wenig Fashion ist sicherlich dabei, aber man ist schließlich in Mailand.

Alzaia Naviglio Pavese 2 • U-Bahn M2 Porta Genova, Straßenbahn 9 Via Vigevano, Viale Gorizia • +39 02/39 81 11 00 • Tgl. 18–2 Uhr

⁎ Fly

Außerhalb des Chaos der Mailänder *Movida*, aber geographisch gesehen mittendrin, versteckt sich dieses Lokal hinter dem Parco delle Basiliche. Ein Treffpunkt besonders für Jugendliche. Zum Aperitif wird reichlich gutes Essen angeboten, vielleicht ist er auch deswegen teurer. Aber die lockere Atmosphäre und die **gute Musik** garantieren einen super Abend.

Piazza Vetra 21 • Bus 94 Piazza Vetra • +39 02/58 43 21 58 • Di, Do, Sa 7–2, Mo, Mi, So 7–20.30

⁎ Indiana Post

Amerikanischer Stil ist bei Italienern beliebt. Nach einer US-Reise hat der

Besitzer vor 15 Jahren diese **Restaurant-Cocktail-Bar** im Herzen des Navigli-Viertels eröffnet, in Erinnerung an die rustikalen Raststätten in Indiana, die *posts*, in denen man immer etwas zu essen und zu trinken bekam. So bietet er seinen Gästen in einer warmen, von Holzeinrichtung geprägten Atmosphäre einen Rundum-Service vom Brunch bis zur Music-Bar.

Via Casale 7 • U-Bahn M2 Porta Genova • +39 02/58 11 22 20 • www.indianapost.it • Tgl. 9–15, 16–0, Happy Hour 18.30–21 Uhr

✳ Joe Peña's

In einem sich immer mehr internationalisierenden Mailand nehmen auch ausländische Restaurants und Bars zu. Diesmal ist Mexiko dran. Das warme Licht der Kerzen sorgt für eine romantische Atmosphäre. **Mexikanisch** kann man hier richtig gut essen. Oder einfach nur ein paar Nachos knabbern, während man einen Cocktail schlürft. Reich ist die Rumauswahl.

Via Savona 17 • U-Bahn M2 Sant' Agostino, Porta Genova • +39 02/58 11 08 20 • www.joepenas.it • Mo–Sa 18.30–2 Uhr

✳ La Ringhiera

Wenn es nicht gerade ein Tag am Wochenende ist, kann man in aller Ruhe einen **Cocktail** mit Blick auf den Naviglio Grande schlürfen. Toll! Das Buffet ist vielseitig und man kann lange essen, was man nicht von allen Lokalen in der Gegend sagen kann. Und im Winter? Im unteren Raum stehen Brettspiele bereit.

Ripa di Porta Ticinese 5 • U-Bahn M2 Porta Genova • +39 02/839 39 02 • Tgl. 18–22 Uhr

✳ Le Scimmie

Livemusik ist für die meisten Musikliebhaberinnen das Beste, was man in einer Bar finden kann. Le Scimmie, »die Affen«, sind ein Trendsetter in Mailand. Jeder ist schon einmal in seinem Leben hier gewesen. Kein Wunder: Es gibt

Die Affen, »Le Scimmie«, ziehen mit ihrer Leuchtschrift viele Gäste an. Wer noch auf einen Platz warten muss, kann am Kanal spazieren gehen. →

Konzerte, es wird gegessen und getrunken, und für die männlichen und weiblichen Fußballfans wird ab und zu ein Spiel auf dem Großbildschirm gezeigt. Für jede Art von Publikum, solange es gute Musik liebt.

Via Cardinale Ascanio Sforza 49 · Bus 90/91 Viale Liguria · +39 02/89 40 28 74 · www.scimmie.it · Di–So 20–1 Uhr

✳ Le Trottoir

Ein Ort voller Zauber und Geschichte. Das Lokal lag ursprünglich im Brera-Viertel und zog dann in diese superinteressante Location, das Zollhaus der Porta Ticinese, um. Einst von Künstlern und Mailänder Intellektuellen frequentiert, ist es heute ein etwas anderer Treffpunkt – im Grunde eine einfache **Bar**, die ein bisschen Kultur in ihre Events einbringt.

Piazza XXIV Maggio · U-Bahn M2 Porta Genova · +39 02/837 81 66 · www.letrottoir.it · Tgl. 11–3 Uhr

✳ Mas

Eines der vielen Lokale am Naviglio Grande. Wer am Wochenende einen **Aperitif** möchte, muss schon ziemlich früh kommen, denn die Tische sind alle schnell besetzt. Im Mas herrscht eine spanische Atmosphäre mit Tapas und spanischem Wein. Für Sangria-Fans.

Ripa di Porta Ticinese 11 · U-Bahn M2 Porta Genova · +39 02/39 62 47 04 · www.mas-milano.it · Tgl. 18–22 Uhr

✳ Nidaba Theatre

Fashion und sonderlich elegant ist es nicht, das jedoch ist gerade das schöne daran. Ein Lokal dieser Art konnte auch nur in der alternativsten Gegend Mailands entstehen. **Shows und Livekonzerte**, Blues, Rockabilly, Folk, Soul, Reggae und all die Musik, die in Mailand sonst kaum jemand hören will. Die Atmosphäre ist fantastisch. Wirklich zu empfehlen! Eintritt frei!

Via Emilio Gola 12 · U-Bahn M2 Romolo, Porta Genova, Straßenbahn 3 Corso San Gottardo, Via Lagrange · +39 33/93 47 75 12 · www.nidaba.it · Di–Fr ab 21.30, Konzerte ab 22.30 Uhr

✳ Rocket

Hier geht es richtig ab. Fast jeden Abend kann man bis spät in die Nacht in einem ehemaligen Industriegelände tanzen und **sich austoben**. Dienstags ist Indien-Abend und mittwochs gibt es R&B und Hip-Hop. Das Beste ist, dass Mädels an diesen Abenden umsonst reinkommen. Normalerweise kostet der Eintritt zwischen 10 und 20 Euro.

Alzaia Naviglio Grande 98 • Bus 74 Ripa di Porta Ticinese, Via Lombardini • +39 33/33 31 38 17 • www.therocket.it • Di, Mi, Fr–So ab 23.30 Uhr

✳ Sofa Cafè

Wie der Name schon vermuten lässt, geht es hier gemütlich zu. Die Einrichtung erinnert an das Wohnzimmer eines Bekannten. Der große Ledersessel und das intime, entzückende Ambiente ziehen die unterschiedlichsten Typen an. Das Lokal wird von jungen Leuten geleitet und ist für seine **freundliche und familiäre Atmosphäre** bekannt.

Ripa di Porta Ticinese 7 • U-Bahn M2 Porta Genova • +39 02/36 58 79 88 • www.sofacafe.it • Mo–Mi 17–2, Do–So 9–3 Uhr

✳ Spritz Navigli

Wer kennt nicht den berühmtesten **Cocktail** Mailands? Und wenn man ihn noch nicht probiert hat, dann wird es Zeit. Natürlich kann man auch andere Drinks bestellen und die Happy Hour bietet eine große Auswahl. Palazzo und Räume stammen noch aus dem 19. Jahrhundert, natürlich wurde alles umgebaut, um ein ruhiges, aber ansprechendes Ambiente zu schaffen.

Ripa di Porta Ticinese 9 • U-Bahn M2 Porta Genova • +39 02/83 39 01 92 • www.spritz-navigli.it • Tgl. 18–2, Happy Hour 18–22 Uhr

✳ Sugar Cocktail Therapy

Ein kleiner netter **Kiosk**, der jeden Tag bis zwei Uhr nachts geöffnet hat. Die Spezialität des Hauses sind Cocktails. Während des Aperitifs kosten sie um die sieben Euro, es gibt sie mit einem Teller leckerer *stuzzichini* (Häppchen), also kein Büffet, wie es sonst Mode ist. Bis spät abends kann man *panini, piadine* und Hamburger essen. Letztere gibt es sogar auch aus Soja!

Ripa di Porta Ticinese 79 • U-Bahn M2 Porta Genova • +39 33/92 01 17 43 • Mitte April–Mitte Okt. tgl. 17–2 Uhr

✳ Woodstock

Bier ist angesagt. Und hier hat man auch noch eine Riesenauswahl, insgesamt sind es mehr als 600 Sorten, die auf der Karte stehen. Das Lokal hat eine **English-Pub-Atmosphäre** und liegt gegenüber der entzückenden Kirche San Cristoforo. Es gibt ebenso Cocktails und Kleinigkeiten zu essen, also auch für Nicht-Bierliebhaber geeignet.

Via Lodovico il Moro 3 • Bus 90/91 Ponte delle Milizie • +39 02/36 56 40 15 • www.woodstock-milano.com • Mo–Fr 12–15, 18–2, Sa, So 18–2 Uhr

Übernachten

Der Süden Mailands mit seinen Kanälen und der romantischen Stimmung hat viele interessante Ecken, ist aber weniger zum Übernachten geeignet. Da fühlt man sich zwischen Hauptbahnhof und Porta Venezia wegen des vielfältigen Angebots besser aufgehoben. Dennoch kann man in niedlichen Vorstadthäusern zwischen Künstlerwohnungen und Handwerksbetrieben versteckt manchmal auch ein interessantes Bed & Breakfast oder ein Boutique-Hotel finden. Am besten mit Blick auf den *Naviglio*. Venedig ist es nicht, aber trotzdem hat das Viertel am Wasser Charme.

✳ Art Hotel Navigli

Für eine erholsame Nacht nach einem verrückten Shoppingtag. Leicht mit der U-Bahn zu erreichen und die tollen Lokale des Naviglio Grande liegen gleich um die Ecke. Ein wenig teuer ist das **Vier-Sterne-Hotel** schon, aber dafür hat man allen Komfort der Welt. Die Zimmer sind mit Designmöbeln eingerichtet und eine Veranda mit Garten gehört zum Haus dazu.

Via Angelo Fumagalli 4 • U-Bahn M2 Porta Genova • +39 02/894 38 • www.arthotelnavigli.com • EZ/DZ 150 €/170 €

Geht gar nicht

Während der Designwoche spontan nach Mailand. Zimmer sind in dieser Zeit fast unbezahlbar! Unbedingt rechtzeitig buchen. Und übrigens: Es gibt auch außerhalb Mailands viele Übernachtungsmöglichkeiten.

✳ Ca' Bianca – Corte del Naviglio

Komplett im Grünen eines wundervollen Gartens versteckt und die *Navigli* sind nicht weit. In manchen Monaten relativ preiswert und dabei mit allem Komfort ist dieses **Vier-Sterne-Hotel** ein perfekter Ort, um sich auszuruhen und Kräfte für einen neuen Tag zu sammeln. Ein Babysitting-Service ist auch dabei.

Via Lodovico il Moro 117 • Bus 325, 47 Via Lodovico il Moro, Via Manfredonia • +39 89/18 12 92 • www.cabiancamilano.com • EZ/DZ ab 80 €

✳ Des Etrangers

Einfaches **Drei-Sterne-Hotel** am Rande der Zona Tortona. Das Früshtück regt nicht nur den Magen, sondern auch den Geist an: Werke moderner Kunst zieren die Wände, zwischen denen man den Kaffee genießt. Man kann zwischen drei Zimmerkategorien (Economy, Classic und Premium) wählen. Gute Busverbindung ins Zentrum.

Via Sirte 9 • Bus 50, 61, 90/91 Piazza Bolivar • +39 02/48 95 53 25 • www.hoteldesetrangers.it • EZ/DZ ab 60 €/80 €

✳ Green House

Wenige Minuten von der U-Bahn Famagosta entfernt liegt das schlichte **Drei-Sterne-Hotel**. Es gibt eine große Auswahl an Übernachtungsmöglichkeiten vom einfachen Zimmer bis zu kleinen Appartements. Jedes Zimmer hat auch einen eigenen Balkon. Zum Hotel gehört ein kleiner Garten.

Viale Famagosta 50 • U-Bahn M2 Famagosta • +39 02/813 24 51 • www.greenhousehotel.it • EZ/DZ 65 €/85 €

✳ Maison Borella

Richtig schön! Das **Boutique-Hotel** (vier Sterne) liegt in einer Fußgängerzone direkt am Naviglio Grande. Die Lobby ist entzückend, das ganze Haus geschmackvoll eingerichtet. Die Zimmer

↑ *Bunt und rustikal, jedoch mit moderner Einrichtung zeigt sich die »Casa Borella« von ihrer besten Seite.*

unter alten Holzdecken haben einen romantischen Touch. Richtig angenehm, um ein paar Tage zu bleiben.

Alzaia Naviglio Grande 8 • U-Bahn M2 Porta Genova • +39 02/58 10 91 14 • www.hotelmaisonborella.com • EZ/DZ 150 €

✳ Navigli

Ein kleines Gebäude in einem alten Hof unweit der äußeren Porta Ticinese. Das hübsche **Bed & Breakfast** ist für jedermann geeignet. Es werden auch kleine Appartements vermietet. Alles in einer ruhigen B&B-Atmosphäre. Allerdings ohne Frühstück, dafür sucht man sich eine Bar in der Gegend.

Via Gentilino 7 • Straßenbahn 15 Via Castelbarco • +39 02/87 38 16 14 • www.bbhotels.it • EZ/DZ ab 63 €/83 €

Der Südosten

Rund um die Porta Romana – eine kleine Architekturgeschichte und studentischer Lifestyle

Eigentlich gehört der obere Teil des Corso di Porta Romana, der vom gleichnamigen Tor in die Innenstadt führt, noch zum historischen Zentrum. Das spürt man in der Gegend rund um die Porta Romana, wo sich zudem ein Verkehrsknotenpunkt von U-Bahn, Bus und Straßenbahn gebildet hat. Aber wo ist die Grenze, gehört nicht bereits die staatliche Uni zu einem anderen Viertel, wie auch das alte Gebäude der Stadtbibliothek?

In Mailand haben sich nicht so sehr die einzelnen Stadtteile mit eigener Identität, sondern die Stadt hat sich eher zur Großstadt entwickelt. So wird die ganze Gegend einfach Porta Romana genannt. Unterschiedliche Stile prägen die Straßen und Häuser: Im Osten spürt man deutlich den Einfluss des Jugendstils, wie auch bei der Porta Venezia. Im Südosten um die Piazza Medaglie d'Oro herum prägen dagegen Bauten aus dem 19. Jahrhundert das Bild – natürlich von denen der Moderne durchsetzt. Auch Reste der Mauern sind zu erkennen, die im 16. und 17. Jahrhundert die Stadt umschlossen. Heute verläuft hier der zweite wichtige Verkehrsring der Stadt, die *circonvallazione interna*. Zwischen den Mauerresten wuchert Gras und ein paar Katzen streunen hier nachts herum.

Wo was wie anfängt oder endet, das spielt für das tolle Angebot an Bars, Cafés, Restaurants und Läden sicherlich keine Rolle. Während im Norden Studenten der Technischen Uni das Straßenbild prägen, haben hier die Studenten der noblen privaten Wirtschaftsuniversität Bocconi ihr Revier. Und nicht nur sie: Im Grenzbereich zur Innenstadt am ersten Stadtring liegt auch das Hauptgebäude der »Statale«, der staatlichen Universität. Sogar eine bekannte Theaterschule, die Paolo-Grassi-Akademie, hat bei der Porta Romana ihren Sitz. Die Schauspielschüler wirken dem Snobismus der *bocconiani*, wie die Bocconi-Studenten genannt werden, entgegen.

Kultur
Shopping
Restaurant
Wellness
Ausgehen
Übernachten
N
0
200 m
S. Babila
Cordusio
Piazza Cordusio
Via T. Grossi
V. Porrone
Duomo
Piazza del Duomo
Missori
Pza. G. Missori
Crocetta
Giovanni Galli
Giardino della Guastalla
Ospedale Maggiore di Milano (Policlinico)
ABside
Danese
Bar Meda
Uptown Palace
Re Fosco
Crocetta
Antica Osteria della Lanterna
Teatro Carcano
Crivi's
Bahama Mama
Viale Ailoveyou
Wok
be bop
2.10 Due-Dieci
360 Gradi
Università Bocconi
Amici Miei
MUD Art Cafè
Vinodromo
B4
Lime Light
Circolo Arci Bellezza
Alchimia
Shambala
Magazzini Generali
Barrio Alto
Parco Ravizza
Largo Beethoven
Parco Bravolle
Piazza Bibbiena
Biblioteca Ambrosiana
Pza. Tommaso Edison
Palazzo Arciv.
Piazza Fontana
Uffici Comunali
Piazza A. Diaz
Torre Velasca
Palazzo Annoni
S. Lorenzo Maggiore
Sant'Eufemia
S. Paolo
S. Maria A. Vittoria
Museo Diocesano
S. Eustorgio
Piazza S. Eustorgio
Piazza Andrea Ferrari
S. M. Annunciata
S. Antonio
Piazzale di Pta. Lodovica
Largo Isabella D'Aragona
Porta Vigentina
Piazza Angelo Sraffa
Pza. Tito Lucrezio Caro
Corso Vittorio Emanuele II
Corso di Porta Romana
Corso di Porta Ticinese
Corso Italia
Via Santa Sofia
Via Molino delle Armi
Viale Gian Galeazzo
Viale Beatrice d'Este
Viale Bligny
Via Ferdinando Bocconi
Viale Toscana
Via Calatafimi
Via Cosimo Del Fante
Via San Luca
Via Giuseppe Mercalli
Via Quadronno
Via San Martino
Via Carlo Crivelli
Via Giovanni Bellezza
Viale Giovanni Sebastiano Bach
Via Roberto Sarfatti
Via Carlo Castelbarco
Via Gian Giacomo Mora
Corso San Gottardo

San Pietro in Gessate
Piazza Cinque Giornate
Vittoria
XXII Marzo
Wow Spazio Fumetto
Porta Tosa
Black Hole
Alberto Marchetti
Muba
Palazzina Liberty
Fondazione Prada
Elettrauto Cadore
Natural Chic
Chiostri
Kapuziner Platz
Teatro Franco Parenti
Porta Romana
Il Cavallante
Studio d'Arte Orafa
Be Yoga
Casa Tua
UNA Mediterraneo
Pastamadre
Five
Il Negozietto
Zori
Onfuton
Polpa
Ad Maiora
Dove tu sai
Cascina Cuccagna
Piacenza
Bera Buona Birra
Grand Visconti Palace
Best Western Hotel Major
Sailing Ship
Lodi TIBB
Patchouli
Stazione Porta Romana
Starhotels Business Palace
Brenta
Abbazia di Chiaravalle
Re Artù Cafè
Goganga
Sensiam
Palazzo Archinto
Conserv. di Musica G. Verdi
Palazzo di Giustizia
Rotonda d. Besana
Piazza Emilia
Piazza Michele Capelli
Piazzale Libia
Piazza Bruno Buozzi
Piazzale Lodi
Piazzale Trento
SS. Angeli Custodi
Stazione Porta Romana F.S.
Corso Ventidue Marzo
Viale Regina Margherita
Viale Caldara
Viale Umbria
Viale Lazio
Viale Cirene
Corso Lodi
Via Tito Livio
Via Spartaco
Via Bergamo
Via Pier Lombardo
Via Sigieri
Via Ludovico Muratori
Via Pietro Colletta
Via Piacenza
Viale Isonzo
Via Leo Longanesi

Kultur

Kultur hängt hier in der Luft, man kann sie nicht anfassen und zahlen muss man natürlich auch nichts. Zwischen Stadttoren und alten Resten der Stadtmauern spaziert man durch unterschiedliche Epochen. Vom Park Largo Marinai d'Italia aus, der mit der Palazzina Liberty vor der ehemaligen Porta Vittoria liegt, geht es Richtung Piazza Cinque Giornate. Nicht weit entfernt liegt die spätgotische Kirche San Pietro in Gessate. Wenn man nach der Besichtigung der Kreuzgänge an der Umanitaria-Gesellschaft und der Synagoge an der Rotonda della Besana vorbeikommt, darf man ruhig einen Blick in das Kindermuseum werfen. Nach einem kurzen einen Umweg über die Via Pier Lombardo kann man im Café des Teatro Franco Parenti den Spielplan für die nächsten Tage studieren. Die Porta Romana liegt gleich um die Ecke.

* Abbazia di Chiaravalle

Zu den großen historischen Leistungen der Klöster gehörte die Urbarmachung des Landes. In der **Zisterzienserabtei** von Chiaravalle gibt es wundervolle Fresken in der Abteikirche Santa Maria, holzgeschnitztes Chorgestühl und einen stillen gotischen Kreuzgang. Nebenan liegt ein kleiner *borgo* (alter Ortskern). An der Hauptstraße Richtung Bahnhof Mailand-Rogoredo stößt man übrigens auf ein hübsches Garten- und Ausflugslokal (»Al Laghett«).

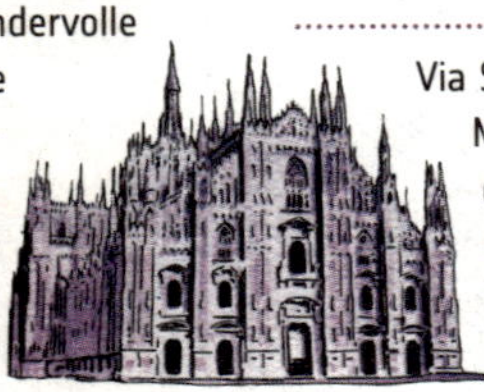

Via Sant'Arialdo 103 (Chiaravalle Milanese) • Bus 77 Cimitero di Chiaravalle • +39 02/ 57 40 34 04 • Di–Sa 9–12, 14.30–17.30, So 14.30–17.30 Uhr

Don't miss

Den Klostershop in der Abbazia di Chiaravalle. Hier kann man ökologische, von den Mönchen selbst hergestellte Produkte kaufen.

* Cascina Cuccagna

Die Stadt hat sich ausgebreitet und die großen landwirtschaftlichen Güter unter Zement begraben. Hier und da sind noch **Gutshäuser** (*cascine*) geblieben. Einige sind heruntergekommen, andere werden jetzt von Kultur- und Sozialkooperativen neu genutzt. Wie die Cascina Cuccagna, die auf eine lange Geschichte seit dem Ende des 17. Jahrhunderts zurückblicken kann. Es gibt Werkstätten, Veranstaltungsräume, eine Bibliothek, einen kleinen botanischen Garten und eine Bar-Trattoria.

Via Cuccagna 2/4 Ecke Via Muratori • U-Bahn M3 Porta Romana, Lodi TBB, Straßenbahn 9 Porta Romana • +39 02/83 42 10 07 • www.cuccagna.org • Bar-Trattoria: Di–So 10–0 Uhr

✳ Fondazione Prada

Nach Plänen des Stararchitekten Rem Koolhaas entsteht in einer ehemaligen Industrieanlage unweit des Bahnhofs Porta Romana ein **Kulturzentrum** mit Ausstellungsflächen, einer Bibliothek und einem Restaurant. Die Prada-Kollektion gehört u. a. mit bildnerischen Arbeiten zu den tollsten Sammlungen der Gegenwartskunst in Europa. Ab Mai 2015 findet sie hier ein Zuhause. Modenschauen wird es auch geben. Mailand bekommt ein neues Highlight.

Largo Isarco • U-Bahn M3, Bus 77 Lodi • +39 02/55 23 05 42 • www.fondazioneprada.it

Wer sich traut, kann sich im Altarraum der bezaubernden Abtei von Chiaravalle sogar das Ja-Wort geben. →

✳ Giardino della Guastalla

Schüler und Studenten kommen in diesen **kleinen Park**, um sich vom Schul- und Unistress zu erholen. Es ist der ideale Platz, um zu lesen oder zu joggen. Die Anlage gehört mit einem barocken Fischbassin, ein paar Terrakottastatuen und einem kleinen neoklassizistischen Tempel zu den ältesten Gärten der Stadt. Nicht schlecht!

Via Francesco Sforza 25 • U-Bahn M3 Crocetta, Bus 94 Via Francesco Sforza, Via Andreani • www.comune.milano.it • Jan., Feb., Nov., Dez. 7–19, März 7–20, April, Okt. 7–21, Mai–Sept. 7–22 Uhr

I Chiostri dell'Umanitaria

Ein schönes **ehemaliges Franziskaner-Kloster** aus dem 15. Jahrhundert mit vier *chiostri* (Kreuzgängen) aus der Renaissance und einem tollen Freskensaal. Die 1893 für die arme Bevölkerung gestiftete Sozial- und Bildungseinrichtung Società Umanitaria, die hier ihren Sitz fand, bietet inzwischen Kultur- und Bildungsprojekte für alle an. Es finden auch Kunstausstellungen und Konzerte statt.

Via Francesco Daverio 7 · Straßenbahn 27, 12 Palazzo di Giustizia · +39 02/579 68 31 · www.umanitaria.it

Muba

Mit einer geschwungenen Mauer aus der Spätbarockzeit fällt die Rotonda della Besana zwischen Häusern und Straßen der modernen Stadt völlig aus dem Rahmen. Darin befindet sich das Muba, das **Kindermuseum**. Es ist ganz allein für *bambini* gedacht, bietet also keine langweiligen Ausstellungen, sondern hier ist interaktives Mitmachen angesagt. Dazu organisiert das Museum verschiedene Workshops für die Kleinen. Man kann in Kinderbüchern blättern und sie auch kaufen. Auch für Erwachsene ganz interessant. Längst wird die Rotonda als Park und Erholungsraum genutzt. Ein kleines Bistro hat sich hier auch angesiedelt.

Via Enrico Besana 12 · Straßenbahn 27, 12 Corso di Porta Vittoria Camera del Lavoro · +39 02/43 98 04 02 · www.muba.it · Mo 9.30–15.30, Di–Fr 9.30–18.30, Sa, So 10–19 Uhr

Palazzina Liberty

Das hübsche Jugendstilgebäude wurde ursprünglich als Café-Restaurant im Bereich des alten Gemüsegroßmarktes errichtet. Nach Verlegung des Marktes entstand ein Park, die Palazzina blieb jedoch lange ungenutzt und wurde erst Mitte der 1970er-Jahre als Theaterraum unter anderem von Dario Fo wiederbelebt. Es finden **Konzerte** statt, außerdem ist hier die Casa della Poesia (»Haus der Lyrik«) untergebracht, in der Lesungen, aber auch Workshops stattfinden.

Largo Marinai d'Italia 1 · Bus 92, Straßenbahn 12 Piazza Emilia · +39 02/88 46 23 20 · www.milanevent.net

Palazzo Sormani

In diesem ehemaligen Palast eines Kardinals aus dem 17. Jahrhundert ist heute die **Stadtbibliothek** untergebracht. Für die Ausleihe benötigt man einen Ausweis, aber die Lesesäle sind allen zugänglich. Hier atmet man echte Mailänder Atmosphäre, zwischen

staubigen Büchern und fleißigen Studenten. Manchmal gibt es auch Ausstellungen.

Corso di Porta Vittoria 6 • U-Bahn M3 Missori, Bus 60, 73, Straßenbahn 12, 23, 27 Largo Augusto • +39/800 88 00 66 • Mo–Sa 9–19.30 Uhr

Piazza Cinque Giornate

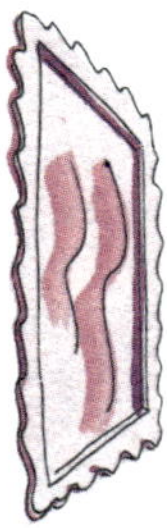

Im März des Revolutionsjahrs 1848 probten die Mailänder einen Aufstand gegen die österreichischen Besatzer unter General Radetzky. Fünf Tage *(cinque giornate)* dauerten die Kämpfe, dann zogen die fremden Truppen beleidigt ab und die Bürger hatten ihre Stadt wieder für sich – vorerst, denn ein paar Monate später war Radetzky mit seinen Soldaten wieder da. In Erinnerung an den ruhmvollen Sieg der Bürger ist dieser Platz mit einem stolzen **Denkmal** entstanden.

Piazza Cinque Giornate • Bus 73, 60, Straßenbahn 27, 12 Piazza Cinque Giornate

Porta Romana

»Porta Romana bella, Porta Romana«, sang Mailands beliebter Liedermacher Giorgio Gaber. Die monumentale Anlage gehörte Ende des 16. Jahrhunderts zu den sechs **Haupttoren** entlang des Ringes der spanischen Bastionen und öffnete sich zur südlichen Ausfallstraße (Richtung Rom). Das Tor wurde in dieser Form 1596 im Auftrag des spanischen Königs Philipp III. anlässlich des Einzugs seiner Braut Margarete von Österreich errichtet. Wenn man die sechs Haupttore auf der Karte mit einer Linie verbindet, kann man mit etwas Fantasie ein Herz erkennen. Ein Hochzeitsgeschenk sozusagen.

Porta Romana • U-Bahn M3 Porta Romana

San Pietro in Gessate

Kirchen haben eine mystische Atmosphäre. In dieser kleinen, eher unbekannten **Kirche** spürt man, dass die Steine einiges erlebt haben. Viele von ihnen stammen aus dem 15. Jahrhundert, und wenn man sie mit der Hand berührt, glaubt man längst vergangene Zeiten zu spüren. Wunderschön sind die Fresken zum Leben des Hl. Ambrosius. Zwischen den Häusern liegt auch ein kleiner Kreuzgang hinter der Kirche.

Piazza San Pietro in Gessate • Bus 60, 73, 84, Straßenbahn 27, 12, 23 Palazzo di Giustizia • +39 02/54 10 74 24 • www.chiesadimilano.it

✳ Sinagoga Centrale

Gold und Kobaltblau schimmert die Fassade der **Synagoge** in der Via Guastalla. Das Gebäude ist seit 120 Jahren der Versammlungsort der jüdischen Gemeinde, die heute rund siebentausend Mitglieder zählt, und hat etwas Besonderes und Bezauberndes. Eine faszinierende Welt ist bei Führungen (leider nur in italienischer Sprache) zu entdecken!

Via della Guastalla 19 • Bus 94, Straßenbahn 27, 12 Via Francesco Sforza, Via Andreani, Largo Augusto • +39 33/ 82 50 30 42 • www.sinagogamilano.it • Führungen nach Vereinbarung

↓ *Jüdische Symbole prägen die Synagoge, zwei sechsarmige Kerzenhalter beleuchten die hebräischen Schriftzeichen.*

✳ Teatro Franco Parenti

Ein durch und durch urbaner Ort, lebendig und dynamisch, das ist das Theater Franco Parenti mit **drei Sälen und Veranstaltungsräumen**. Verschiedene Ebenen sind über Treppen und Durchgänge miteinander verbunden. Im Café kann man vor oder nach den Aufführungen diskutieren, Zeitung lesen und essen. Ein Treffpunkt auch für die Bewohner des Viertels und Reisende, die mal Theaterluft schnuppern wollen.

Via Pier Lombardo 14 • U-Bahn M3 Porta Romana • +39 02/59 99 52 06 • www.teatrofrancoparenti.it

✳ Wow Spazio Fumetto

Bitte eintreten in die fantastische Welt der **Comics**! Hier ist Topolino (Micky Maus auf Italienisch) ebenso zu Hause wie der Seemann Corto Maltese, die berühmte Figur von Hugo Pratt. Ausstellungen, natürlich eine große Bibliothek und ein sympathisches Café lohnen den Besuch – bei freiem Eintritt!

Viale Campania 12 • Straßenbahn 27, Bus 73 Viale Campania, Viale Corsica • +39 02/49 52 47 44 • www.museowow.it • Di–Fr 15–19, Sa, So 15–20 Uhr

! Rund um die Porta Romana

Wo Mailand früher aufhörte, braust jetzt der Verkehr, rattern Straßenbahnen und sind viele Leute unterwegs. Lieber ab ins Grüne, in die Gärten der Stadt. Aber die schönen Gärten, die es hier früher gab, sind verschwunden, geblieben ist ein Name: Via degli Orti, Straße der Gärten. Auf dem Weg dorthin längs der Via Caldara zweigt links die Via Privata della Braida ab, in der das Teatro della Contraddizione seinen Sitz hat. Früher gelangte man durch diese Straße direkt in die Via degli Orti. Sie wurde leider mit einem Gittertor versperrt und wer wie die meisten Besucherinnen keinen Schlüssel hat, geht also über die Via Caldara und biegt dann zweimal links ab, bis er in die Via degli Orti kommt.

Hier begegnen sich das alte und das neue Mailand. Über den Corso di Porta Romana (viele Aperitif-Bars) stadteinwärts spaziert man am Largo della Crocetta links um die Statue des Heiligen Camillo herum in den Corso di Porta Vigentina. Dort geht es in der Kirche Santa Maria al Paradiso ab in die Vergangenheit. Die Kirche ist dabei gar nicht mal so alt (eine Gründung der Spätrenaissance), aber im Boden des Mittelgangs ist ein Stein mit einem Loch eingelassen. In diesen Stein hat angeblich der Heilige Barnaba ein Kreuz gesteckt, um in Mailand im Jahr 51 die erste christliche Gemeinde der Stadt zu gründen. Es war der 13. März. Heute wird der *Tredesin de Mars* in der Stadt mit einem Blumenfest gefeiert. Einst schnitten die Mailänder Mütter an dem Tag die Haare ihrer kleinen Jungs radikal kurz, damit sie dann im Frühjahr kräftig nachwachsen konnten.

Geht man nun die Viale Filippetti entlang, erreicht man bald wieder die eindrucksvolle Porta Romana.

Shopping

Von Shopping kann man in Mailand gar nicht genug bekommen. Die Läden drängen sich auf dem Corso di Porta Romana, in der Via Bligny und in der Via Col di Lana eng aneinander. Hier mischen sich edle Boutiquen für schicke Mailänderinnen mit einfachen und modernen Shops, in denen die jüngeren Mädels ihr Outfit finden. Zählt man dann noch den Anfang des Corso 22 Marzo hinzu, wird das Angebot komplett. Auf dem Corso gibt es bereits viele Filialen der Läden, die man dann auch in der Innenstadt findet, wie H&M, Zara und Intimissimi. Direkt an der Porta Romana liegen interessante Möbel- und Einrichtungsgeschäfte. Wer Schmuck liebt, darf das »Studio d'Arte Orafa« nicht verpassen. Hier werden nämlich Schmuckstücke nicht nur repariert, sondern man kann sich auch ein Teil nach seinen Wünschen herstellen lassen.

2.10 DueDieci

Ein richtiger Schuhladen ist es nicht, aber Schuhe werden hier verkauft, wie auch Taschen. Es ist auch kein richtiger Möbelladen, aber einzelne Designmöbelstücke gibt es, dazu Accessoires und andere interessante Gegenstände. Man müsste ihn vielleicht einen **Concept Store** nennen. Aber das Beste ist wohl, selbst reinzugehen und ihn so zu nennen, wie es einem gefällt!

Viale Col di Lana 5 • Straßenbahn 3, 9 Viale Col di Lana • +39 02/91 47 47 76 • Mo 15–19.30, Di–Sa 10–14, 15–19.30 Uhr

360 Gradi

Alles **Made in Italy**. Stefania entwirft ihre eigene Kleidermarke: 360 Gradi. Außerdem sucht sie immer wieder neue Stylisten, um die jungen Kundinnen ihres kleinen Ladens voll zufrieden zu stellen. Hier findet man Kleider, Tops, Mäntel und noch viele andere Stücke zu einem guten Preis.

Via Col di Lana 8 • Straßenbahn 3, 9 Viale Col di Lana • +39 02/83 24 21 21 • Di–Sa 10.30–19.30 Uhr

ABside

Hinter dem Corso di Porta Romana versteckt liegen kleine Geschäfte mit italienischen und internationalen Brands. In diesem sympathischen Laden finden sich **Einzelstücke** zwischen Schmuck und verschiedenen Accessoires. Außerdem rettet ABside in einem Mini-Antiquariat alte Bücher vor dem Vergessen in Kisten oder Kellern.

Vicolo Santa Caterina 1 · U-Bahn M3 Crocetta · +39 02/58 31 52 34 · www.ab-side.it · Mo–Sa 10–19 Uhr

✳ Ailoveyou

Ein kleiner Laden aber mit großem Angebot. Annamaria empfängt die Kundinnen und sucht für sie nur das Beste heraus. Viele **eigenartige Klamotten** hängen hier, aber nichts, was man nicht anziehen könnte. Beatrice b, Maggie Jeans und 8.pm sind neben anderen Marken wohl die beliebtesten.

Viale Col di Lana 3 · Straßenbahn 3, 9 Viale Col di Lana · +39 02/832 35 68 · Mo 15.30–19, Di–Sa 10–19 Uhr

✳ Atelier Altrecose

»Leicht retro mit einem Hauch 1950er-Jahre«, stellt der Besitzer und Stylist seine Kollektion vor. Die Kleider sind fein und einfach, vom klassischen schwarzen Cocktailkleid bis zu Pois- und Blumenmustern. Jedes kleinste Accessoire, ob Strümpfe oder Taschen, wurde von **ausgewählten Designern** entworfen. Diese Sorgfalt und das Interesse für die Kundinnen lässt man sich natürlich teuer bezahlen.

↑ *Im »ABside« abseits des Trubels in Ruhe Klamotten aussuchen, als wäre es der eigene Kleiderschrank – nur bezahlen muss man sie leider trotzdem.*

Via Cerva 8 · Bus 94 Largo Augusto · +39 02/36 68 66 79 · atelieraltrecose dilu.it · Mo 12–19, Di–Sa 10–19 Uhr

✳ Danese

Dass Mailand die Stadt des **Designs** ist, hat sie auch bestimmten Marken und Unternehmen zu verdanken. Danese zum Beispiel. Seit 1957 schmücken Danese-Objekte Büros und Wohnungen auf der ganzen Welt. Die Ideen dazu stammen von bekannten Designern wie Bruno Munari und Enzo Mari.

Piazza San Nazaro in Brolo 15 • U-Bahn M3 Porta Romana • +39 02/ 58 30 41 50 • www.danesemilano.com • Mo 15.30–19, Di–Sa 10–19 Uhr

✳ Dove tu sai

Faszinierend und doch sachlich, schön und auch nützlich – das ist hier die Devise. Der Laden stellt ausgesuchte Möbel und verschiedene Einrichtungsgegenstände aus. Das Beste des **jungen Italodesigns**. Neue wie traditionelle Materialien, die nicht ohne Ironie Alltagsgegenstände interpretieren, kommen zum Einsatz.

Via Goffredo Sigieri 24 • U-Bahn M3 Porta Romana • +39 02/59 90 24 32 • www.dovetusai.it • Mo–Fr 10–13 Uhr

✳ Il Negozietto

Vintage-Liebhaberinnen betreten hier ihr Traumland. Nicht nur Klamotten, sondern auch viele Accessoires wie Schmuck, alte Brillen, Tassen und Spangen sind ausgestellt. Für die Besitzer ist **Vintage** eine Lebensphilosophie. Wer diesem Geschmack zuneigt, möchte sich der Standardmode entziehen und wieder ein wenig Persönlichkeit zeigen. Schade, dass Vintage jetzt wieder Mode ist!

Viale Sabotino 24 • U-Bahn M3 Porta Romana • +39 02/36 68 37 18 • Mo 15.30–20, Di–Fr 10–20, Sa 11–19.30 Uhr

✳ Moving Shop

Eine innovative Art von Verkauf, unkonventionell und schnell. Die **Klamotten** werden alle auf einen Roller-Transporter vom Typ Piaggio Ape geladen, der dann durch ganz Mailand fährt und hier und da anhält, um zu verkaufen. So fängt man Kundinnen und lockt sie auch in den Showroom, der nicht mobil ist, sondern fest verankert an der Porta Romana liegt.

Corso di Porta Romana 122 • U-Bahn M3 Porta Romana • +39 02/58 43 79 03

✳ Onfuton

Grün denken ist hier angesagt. **Ökologische Einrichtungsgegenstände** von Möbeln und Lampen bis hin zu Stoffen. Alles ist mit geringster Umweltbelastung hergestellt. Der asiatische Stil und die verschiedenen Farben sorgen auch bei Regenwetter für gute Laune.

Via Crema 14 • U-Bahn M3 Porta Romana • +39 02/58 31 98 94 • www.onfuton.com • Mo 15.30–19.30, Di–Sa 10–14, 15.30–19.30 Uhr

✳ Studio d'Arte Orafa

Hier wird erfunden, neuerfunden und repariert. Alles dreht sich um **Schmuck**. Ein richtiger Laden ist es nicht, aber die Steine sind traumhaft. Patrizia Papazian sitzt in ihrem kleinen, raffiniert ausgestatteten Raum und werkelt mit Händen und Zangen. Und wer eine Idee für eine besondere Kette, einen Ring oder ein Armband hat, der kann sie hier auf Wunsch realisieren lassen.

Via Muratori 11 • U-Bahn M3 Porta Romana • +39 02/55 19 14 26 • www.studiodarteorafa.it • Terminvereinbarung telefonisch

✳ Wok

In einer der Straßen, in denen es von trendy Boutiquen nur so wimmelt, darf man diesen Laden nicht verpassen. Er ist ein Sprungbrett für **junge Designer**, die hier ihre Kreationen ausstellen und

verkaufen können. Die Anntian-Kleider sind längst Kult in der Modeszene.

Viale Col di Lana 5/a • Straßenbahn 3, 9 Viale Col di Lana • +39 02/ 89 82 97 00 • www.wok-store.com • Mo 15–19.45, Di–Fr 10.30–14, 15–19.45, Sa 10.30–19.45 Uhr

✳ Zori

Hinter einem bunten Schaufenster finden **Schuhe aus der ganzen Welt** in den Regalen ihren Platz. Sie haben Charakter und Persönlichkeit, denn es handelt sich meistens um Einzelstücke.

Via Crema 8 • U-Bahn M3 Porta Romana • +39 02/20 36 57 90 23 • www.zori.it • Mo 16.30–19.30, Di–Do 10.30–14.30, 16.30–19.30, Fr 16.30–19.30, Sa 10.30–19.30 Uhr

Restaurants & Cafés

Wenn man aus der U-Bahn bei der Porta Romana aussteigt, führen viele Wege ins Vergnügen. Man geht zum Beispiel über den Corso di Porta Romana in die Innenstadt und hält hier und in den Seitenstraßen nach Restaurants und Cafés Ausschau. Man hat die Wahl zwischen einer toskanischen Trattoria, einem *Panini*-Verkäufer oder leckeren Versuchungen bei einem *Marron-glacé*-Hersteller. Südlich, längs des Corso Lodi und seiner Nebenstraßen, sieht man sich auf der Suche nach kulinarischem Genuss ebenso vor die Qual der Wahl gestellt. Wenn man sich zudem zu einem schönen Spaziergang nach Westen Richtung Viale Col di Lana aufmacht, trifft man auf einige besondere Restaurants für Veganer- oder Vegetarierinnen. Hier liegt auch das »be bop«, in dem es Gerichte ohne Gluten gibt, sogar Pizza!

* Ad Maiora

Die **kreative Küche** passt zu diesem eleganten Restaurant. Es ist auf zwei Ebenen mit intimer Beleuchtung und viel Geschmack eingerichtet. Der Weinkeller bietet eine große Auswahl und der Service ist aufmerksam und freundlich. Dann und wann treten der Patron und der Chefkoch aus dem Hintergrund hervor, um ein wenig mit den Gästen zu plaudern.

Via Altaguardia 16 • U-Bahn M3 Porta Romana • +39 02/ 58 31 49 60 • www.ristoranteadmaiora.it • Mo 19.30–22.30, Di–Sa 12–14.30, 19.30–22.30 Uhr

* Alberto Marchetti

Gerade eben hat Alberto, der bekannte Maestro des Speiseeis aus Turin, auch in Mailand eine ***gelateria*** eröffnet. Frisch ist auch das Eis, das er jeden Tag aus ausgesuchten Zutaten herstellt. Vielleicht ist anderswo die Auswahl größer, aber hier bringen auch einfache Sorten wie Schokolade oder Stracciatella die Geschmacksnerven zum Jubeln.

Viale Monte Nero 73 • Straßenbahn 27, 12 Piazza Cinque Giornate • www.albertomarchetti.it • Di–Do 12–0, Fr, Sa 12–1, So 11–0 Uhr

✳ Amici Miei

Klein aber fein, diese **Trattoria**. Hier gehen Tradition und Qualität des Essens Hand in Hand. Aus der Küche kommen einfache und kräftige Gerichte der kulinarischen Tradition Mailands. Gelbes Safranrisotto und paniertes Schnitzel sind nur zwei der typischen Gerichte. Dazu kommt noch eine flotte und nette Bedienung. *Buon appetito!*

Viale Bligny 42 · Straßenbahn 9 Via Bocconi · +39 02/58 32 11 97 · Tgl. 12.30–23.30 Uhr

✳ Antica Osteria della Lanterna

Ein einfaches Ambiente, um Spezialitäten der **ligurischen Küche** zu kosten. Hier haben Frauen das Sagen, vermutlich ist deswegen alles so perfekt organisiert. Ob duftende Suppen oder saftiges Fleisch, satt wird man auf jeden Fall. Und wenn das Wetter passt, wird auch das typische *vitello tonnato* (kaltes Kalbsfleisch mit Thunfischsoße) serviert.

Via Giuseppe Mercalli 3 · Bus 94 Corso Italia, Via Santa Sofia · +39 02/ 58 30 96 04 · Mo–Fr 12.30–14.30, 19.30–0, Sa 19.30–0 Uhr (Küche schließt um 22 Uhr)

✳ Bar Meda

Ideal für ein **schnelles Mittagessen**. Ohne viel Schnickschnack lassen sich in der Bar der kleine wie der große Hunger stillen. Es gibt Salate aller Art, *piadine* und *panini* und manchmal auch warme Gerichte, dazu Wein. Dabei ist der eigentliche Hauptdarsteller dieser Bar der Kaffee – ein bisschen teuer vielleicht, aber er schmeckt einfach umwerfend.

Corso di Porta Romana 54 · U-Bahn M3 Crocetta · +39 02/58 30 34 87 · Mo–Sa 7–20.30 Uhr

✳ be bop

Das Schöne an Mailand ist das riesige Angebot, das jeden Geschmack und jedes Bedürfnis befriedigt. Die Zöliakier rufen »Hurra«, denn endlich können sie eine **glutenfreie Pizza** genießen. Alle anderen freuen sich beim Essen mit, denn das Restaurant legt sehr viel Wert auf die Qualität der Zutaten. Perfekt für einen schönen Abend zu zweit.

Viale Col di Lana 4 · Straßenbahn 9, 3 Viale Col di Lana · +39 02/837 69 72 · www.ristorantebebop.com · Tgl. 12.30–14.30, 19.30–23.30 Uhr

✳ Casa Tua

Eine Hommage an die **Toskana**. Hügel sieht man leider keine, aber das Essen ist phänomenal. In einem entspannten Ambiente, das durch einfache Einrichtung geprägt ist, kostet man die typischen Rezepte dieser Region, ob Schweinchen mit Honig oder Pasta wie *pici con cozze* (handgemachte Bandnudeln mit Miesmuscheln) bestellt werden.

Via Ludovico Muratori 10 Ecke Via Corio 3 · U-Bahn M3 Porta Romana · +39 02/551 42 69 · www.casatuaosteria.com · Tgl. 12–15, 19.30–0 Uhr

✳ Crocetta

Einen großen Mund muss man haben, um in die riesigen **Brötchen** zu beißen. Zum Glück gibt es in dieser *panineria* (Brotbar) auch Standardpanini und Vollkornbrötchen. Das Brot ist immer frisch und den Belag wählt man sich aus allerlei Arten von Schinken, Käse, Gemüse und verschiedenen Soßen aus. Ein kühles Bier oder ein leckerer Nachtisch sind auch zu haben.

Corso di Porta Romana 67 · U-Bahn M3 Crocetta · +39 02/545 02 28 · www.crocetta.com · Tgl. 8–1 Uhr

✳ Giovanni Galli

Für Liebhaberinnen von *Marron glacé* ist es ein Tempel des Genusses. Die Kastanien werden in Sirup getaucht und mit einer Zuckerglasur bedeckt, oft kommt Bitterschokolade dazu – fertig ist die perfekte Süßspeise. Bei der **Konditorei** Giovanni Galli, einer der ältesten der Stadt, gibt es die besten. Deswegen kostet eine kleine Schachtel bereits 20 Euro, aber es lohnt sich!

Corso di Porta Romana 2 · U-Bahn M3 Porta Romana · +39 02/86 45 31 12 · www.giovannigalli.it · Mo–Sa 8.30–13, 14–20, So 9–13.30 Uhr

✳ MUD Art Café

Das Angebot zeigt sich von einer in Mailand ungewöhnlichen Seite, die Atmosphäre ist angenehm und die Einrichtung einladend romantisch aber doch casual. Hier spricht man Europäisch oder besser gesagt: **Schwedisch**. Unbedingt die *gamberetti* (Krabben) mit Ei, Gurke und Zitrone probieren. Und dann die unwiderstehlichen Torten ... Auf nach Schweden, in dieses kleine kulinarische Paradies!

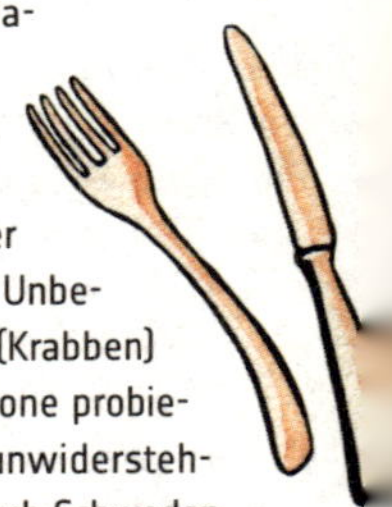

Viale Bligny 42 · Straßenbahn 9 Via Bocconi · +39 02/97 69 68 32 · www.mudcafe.it · Mo–Fr 8.30–20, Sa 9–19 Uhr

✳ Pastamadre

Ein Teller Pasta reicht oft aus, um satt zu werden. Hier kommen einfache Gerichte auf den Tisch, die aber schmecken. Der Chef kommt aus **Sizilien** und lässt das den Gaumen spüren: Pasta etwa mit Seeigeln oder Schweineragout. Natürlich fehlen in der italienischen Küche nie die Nachspeisen, und die aus Sizilien sind einfach traumhaft.

Via Bernardino Corio 8 · U-Bahn M3 Porta Romana · +39 02/55 19 00 20 · www.pastamadremilano.it · Mo–Fr 12–15, 19–0, Sa 8–15, 19–0 Uhr, im Winter und zu besonderen Gelegenheiten manchmal So geöffnet

✳ Polpa

In Mailand kommen die Fast-Food-Ketten langsam aus der Mode und die Bars sind wieder richtig »in«. Das heißt aber nicht, dass der **Hamburger** vom Speiseplan verbannt werden muss. So entstehen hier und da richtige *hamburgherie*, in denen man das beliebteste warme Brötchen aller Zeiten verdrücken kann. Bei Polpa Burger kann sich jeder Fleisch und Gemüsezutaten wählen, um seinen persönlichen, gesunden Hamburger genießen zu können.

Via Gaetana Agnesi 6 · U-Bahn M3 Porta Romana · +39 02/58 30 58 39 · www.polpa.it · Tgl. 12–23 Uhr

✳ Re Fosco

Gleich hinter einem der großen, vom hektischen Verkehr geprägten Stadtringe liegt eine Seitenstraße, in der sich eine andere Welt öffnet. Das hat auch mit »König« Fosco zu tun, einer **Bar**, die zu jeder Zeit des Tages ein idealer Ort für eine Pause ist. Ob zum Frühstück, zum Mittagessen, zur Teepause, zum Aperitif oder zum Abendessen, man kommt dort immer mit einem Lächeln heraus. Vielleicht wegen des guten Essens und der freundlichen Bedienung.

Via San Calimero 7 · U-Bahn M3 Crocetta · +39 02/36 63 30 79 · Mo–Fr 7–22, Sa 8–22 Uhr

✳ Sapori della Persia

Liebe und Leidenschaft fürs Kochen stehen in diesem **persischen Restaurant** ganz oben auf der Karte. Sie vereinen auch die beiden persischen Besitzer Hassan Akberi und Nilufar Nojabai: Er kocht und sie hilft im Saal. Hier gibt es nicht nur den originalen Kebab, sondern auch viele andere Gerichte mit komplizierten Namen, aber köstlichem Geschmack!

Via Gaetana Agnesi 2 · U-Bahn M3 Porta Romana · +39 02/58 43 78 33 · www.simposiomilano.com · www.saporidellapersia.it · Mo–Sa 12–15, 19–0 Uhr

✳ Shambala

Ein Stück Asien findet man ein wenig außerhalb des Zentrums in der Via Ripamonti. Ein Tempel des Wohlgefühls, in dem **Schmackhaftes aus Thailand und Vietnam** angeboten wird. Ein romantischer Garten ist im Sommer geöffnet.

Via Giuseppe Ripamonti 337 · Straßenbahn 24 Vigentino · +39 02/552 01 94 · www.shambalamilano.it · Mo–Sa 20–1, So 12–16 Uhr

Wellness

Direkt bei der Porta Romana fällt ein interessantes altes Gebäude auf. Auf den ersten Blick ist nicht ganz klar, was sich hinter seinen Mauern verbirgt. Es sind die »Terme Milano«. Das ist leider kein natürliches Thermalbad, in dem mineralhaltiges Wasser wohltemperiert aus dem Boden sprudelt. Dennoch bietet die größte Wellnessanlage der Stadt eine kleine Welt des Wohlbefindens, in der man sich allein oder zusammen mit Freundinnen erholen kann. Für ein anderes Wellnesserlebnis ist das bekannte und oft im Voraus ausgebuchte »Bahama Mamas« eine gute Adresse. Hier verschmelzen auf witzige Art Fashion, Aperitif und alltägliche Schönheitspflege miteinander. Auf zur Porta Romana!

* Bahama Mama

Wenn es Bahama Mama nicht gäbe, müsste man es erfinden. Es ist eine Mischung aus Nagelstudio und Bar und nennt sich folgerichtig **»Nail-Bar«**. Entspannung ist angesagt, während man einen Biococktail trinkt oder sich einen Film ansieht. Deswegen ist die Warteliste auch so lang. Unbedingt vorbuchen!

Viale Col di Lana 1 • Straßenbahn 3, 9 Viale Col di Lana • +39 02/89 40 45 38 • www.bahamamama.it • Di, Do, Sa, So 10–20, Mi, Fr bis 23 Uhr

* Be Yoga

Beim **Yoga** pflegt man Körper und Seele zugleich. Nur zwei Schritte von der Porta Romana entfernt ist diese Wohlfühltechnik zu Hause. Das Zentrum bietet verschiedene Methoden an, sich dieser Kunst zu nähern. Das Atmen wird als erstes geübt. Also Mund auf und los geht's!

Via Carlo Botta 8 • U-Bahn M3 Porta Romana • +39 02/546 55 90 • Mo–Sa 10–21 Uhr

Kitschig und traumhaft, grün und rosa: die Nail-Bar »Bahama Mama«. Im Regal stehen Lotionen, Parfums und anderer Beauty-Schnickschnack.

✳ Natural Chic

Hier wird man richtig gut durchgeknetet. Verschiedene fantastische Techniken kommen zum Einsatz. Wohlbefinden pur durch die **Seidenmassage**, um die Haut weich und geschmeidig zu machen. Außerdem werden hier Füße und Hände mit Reflexologie behandelt. Diese Technik stimuliert die verschieden Organe unseres Körpers und bringt ihn so wieder ins Gleichgewicht.

Via Perugino 8 • Bus 62, 84 Via Cadore, Via Spartaco • +39 02/ 55 18 64 14 • www.centrobenesserenaturalchic.it • Tgl. 10–21 Uhr

✳ Sensiam

Ilaria hatte eine Karriere als Managerin begonnen, war den Stress aber bald leid und ging nach Thailand. In Bangkok studierte sie Medizin, um dann hier in Mailand ihr eigenes Wellnessstudio zu eröffnen. Zu ihren Spezialitäten gehören natürlich **Thai-Massagen**, die im Körper wie in der Seele neue Energie wecken.

Via Orti 12 • U-Bahn M3 Crocetta • 39 02/89 28 11 82 • www.sensiam.it • Di–Sa 9.30–19.30 Uhr

✳ Terme Milano

Jede Mailänderin ist schon einmal hier gewesen. **2500 Quadratmeter pure Entspannung**! Neben den klassischen Angeboten

! Grün ist trendy

Wellness hat doch auch mit Ernährung zu tun, richtig? »Du bist, was du isst«: So steht es in den meisten Ernährungsbüchern. Wer Gesundheit liebt, ist auf dem »Farmers Market di Campagna Amica Coldiretti« genau richtig (www.lombardia.coldiretti.it); jeden Mittwoch und Samstag von 9 bis 13 Uhr in der Via Ripamonti 35. Das ist der neueste Trend in Mailand: vom Bauern direkt auf den Tisch. Hier findet man nur die besten Ökolebensmittel. Das, was die Mailänder anzieht, ist die Qualität der Produkte. Die Nahrungsmittel werden auf natürliche Weise verarbeitet. Manchmal tauchen sogar Sorten aus der Vergangenheit auf. Oder alte Verarbeitungsmethoden werden neu entdeckt.

Und das macht den Unterschied: Die Menschen kommen und informieren sich. Das Bewusstsein, sich gesund zu ernähren, wächst auch in Italien, und vor allem in Mailand. Das Beste überhaupt an der ganzen Sache ist der Preis. Oft sind in Mailand die Ökoläden viel zu teuer. Diese Märkte schaffen es, sowohl die Qualität der Produkte zu garantieren als auch den Preis nicht (zu) hoch zu halten.

stehen in einem wunderschönen Garten gewärmte Wannen bereit. Und ganz Mutige springen nach der Sauna in einem alten Straßenbahnwagen ins kalte Becken. Die weniger Abenteuerlustigen können Tee trinken, Obst und Gemüse knabbern oder in den Relaxräumen ein Nickerchen machen.

Piazzale Medaglie d'Oro 2 • U-Bahn M3 Porta Romana • +39 02/55 19 93 67 • www.termemilano.com • Mo–Do 9.30–23, Fr 9.30–0.30, Sa 8.30–0.30, So 8.30–23 Uhr

Ausgehen

Wo Studenten sind, ist auch was los. Das gilt überall, es sei denn, man studiert im Norden Mailands an der hässlichen Bicocca-Uni, wo man sich nachts wie in einer Geisterstadt fühlt. Zum Glück geht es rund um die Porta Romana anders zu. Die Gegend der Privatuni Bocconi wird auch nachts zum Treffpunkt des Jungvolks von Mailand – und was für ein Volk! Elegant gekleidet, mit vollen Brieftaschen. Und den hohen Absätzen entsprechen die noch höher getragenen Nasen. Die Gegend weiß sich zum Glück zu wehren. Denn hier findet man interessante Kulturklubs und ebenso eine der berühmtesten Diskos der Stadt. Ob Disko, Kultur, Konzerte oder auch nur ein Aperitif – es gibt keine Geschmacksvorschriften, sondern Lokale für Weinliebhaberinnen und Bierbars für einfache Biertrinkerinnen, und wer nur Wasser will, wird auch bedient.

Alchimia

Ein großes und **edles Lokal**, in dem bis spät in die Nacht hinein gegessen werden kann. Aber das Beste ist der Aperitif mit warmen und kalten Gerichten und immer frischen Zutaten. In einer mit leichter Musik untermalten Atmosphäre verbringt man zusammen mit Freunden einen gemütlichen Abend wie zu Hause.

Via Francesco Brioschi 17 • Straßenbahn 3 Via Meda, Via Tantardini • +39 02/835 64 12 • www.alchimia-milano.com • Di–So 18–22 Uhr

B4-Before

Obwohl es eines der bekannten Lokale der Stadt für die **Happy Hour** ist, ist es unter der Woche nie zu voll, was in manchen Bars den Abend verderben kann. Das Ambiente ist minimal und elegant, jedoch trotzdem für einen legeren Abend in Jeans geeignet.

Via Atto Vannucci 1 • Straßenbahn 24 Via Ripamonti, Via Bellezza • +39 02/58 30 56 32 • Tgl. 18–2 Uhr

Barrio Alto

Sehr schön eingerichtet. Warme Farben und Tische und Bänke aus Holz, damit sich auch die Seele entspannen kann.

Zum Aperitif, Dinner oder zum **Tanzen** – hier ist ein guter Abend garantiert. Das Lokal ist sehr beliebt für Geburtstagspartys oder andere Feste!

Via Serio 14 • Straßenbahn 24 Via Ripamonti, Via Serio • +39 02/ 49 52 43 65 • www.carlsbergbarrioalto.it • Mo–Sa 12–15, 19–0, So 19–0 Uhr

✳ Bere Buona Birra

Ein gutes Bier trinken kann man in Deutschland sicherlich besser, aber Mailands versteckte Ecken für Bierliebhaberinnen werden immer mehr. Anfangs war es nur ein *beer shop* zum Verkauf ohne Ausschank, bis sich die Besitzer entschlossen, der Stadt eine richtige **Bierbar** zu schenken. Danke! Ideal, um den Durst vor allem an heißen Sommerabenden zu stillen.

Via Adige 13 • U-Bahn M3 Porta Romana • +39 02/87 39 43 71 • www.berebuonabirra.com • Mo–Fr 10–22, Sa, So 10–22 Uhr

✳ Black Hole

Entspannt geht es hier nicht zu, aber dafür ist der **Spaß doppelt so groß**. Punk, Dark, Alternative und Gothic-Style ist angesagt! Die (groß-)bürgerlichen Mailänderinnen haben hier nichts zu suchen. Rock- und auch Popmusik, die sich ein wenig vom neuen Electro-Trend entfernen, finden hier wieder ihren

↑ *Happy Hour ist in Mailand ein Must. Oft kündigen solche Tafeln vor den Lokalen an, zu welchem Preis und wann man den Aperitif genießen kann.*

Platz. Im Sommer ist der 1800 Quadratmeter große Garten einfach Klasse.

Viale Umbria 118 Ecke via Cena 1 • U-Bahn M3 Lodi • 39 34/94 66 93 74 • www.blackholemilano.com • Fr, Sa 22.30–5 Uhr

✳ Circolo Arci Bellezza

Einer der ältesten und bekanntesten Arci-Klubs in Mailand. Das **Kulturzentrum** organisiert verschiedene Kurse wie Volkstänze, Tango und Yoga, zudem Konzerte. Die Preise im Restaurant für die wenigen, aber geschmackvollen Speisen sind kürzlich etwas gestiegen, liegen aber weit unter denen anderer Lokale. Hier sitzt man im Sommer im Innenhof und trifft interessante Leute.

Via Giovanni Bellezza 16 • Straßenbahn 24 Via Ripamonti, Via Bellezza • +39 02/58 31 94 92 • www.arcibellezza.it • Di–Sa 11–1, So 13.30–1 Uhr • Eintritt mit Mitgliedskarte für 10–15 € pro Jahr

✳ Elettrauto Cadore

Einen Kfz-Mechaniker sucht man vergeblich, obwohl das Lokal den Namen einer Werkstatt übernommen hat. Es werden keine Autobatterien gewechselt, sondern Drinks serviert. Eine wirklich **originelle Adresse** mit hohen Fenstern, die im Sommer geöffnet werden. Einen Aperitif in dieser Bar nach einem harten Tag – und der innere Motor springt wieder an.

Via Giacomo Pinaroli 3 • Bus 45, 62 Via Cadore, Via Anfossi • +39 02/55 19 17 81 • Tgl. bis 23.30 Uhr

✳ Goganga

Hundert Prozent Antisnob-Lokal. Kein Wunder, der Name leitet sich von einem Song des antikonformistischen Liedermachers Giorgio Gaber ab. Wer von Mailand eine Fashion-Allergie bekommen hat, kann sie hier kurieren. Es wird gerockt, getanzt und gesungen – besser gesagt: geschrien. Bei freiem Eintritt wechselt die **Diskobar** jeden Abend das Musikgenre mit DJs und Livekonzerten. Das ist die andere Seite des schicken Mailands.

Via Giovanni Cadolini 39 • U-Bahn M3 Lodi, Straßenbahn 16, Bus 90 Piazza Salgari • +39 33/82 23 23 65 • www.goganga.it • Fr, Sa 22–3 Uhr

✳ Il Cavallante

Il cavallante wurde früher der Pferdeführer genannt, der mit seiner Kutsche Waren in die Stadt brachte. Wer jedoch bei diesem Lokal zwei Schritte von der Porta Romana entfernt an einen Stall denkt, liegt völlig falsch. Der Architekt Lorenzo Wirz Castellani hat die Einrichtung der **Weinbar** entworfen. Der Stil ist minimalistisch, das Licht diffus und die Eisentische demonstrieren den coolen Stil. Die Weinauswahl ist ganz ordentlich.

Via L. A Muratori 3 • U-Bahn M3 Porta Romana • +39 02/54 10 73 25 • Mo–Fr 18.30–1 Uhr

✳ Kapuziner Platz

Wer aus Bayern kommt und nostalgisch an seine Heimat denkt, findet hier ein wenig Trost. Alles ist wie in einem **Biergarten** organisiert, die Bänke und Tische, die Würste mit Sauerkraut und natürlich das Bier vom Fass. Die Mailänder lieben diesen Ort. Lustig, um zu sehen, wie die Italiener sich Deutschland vorstellen!

Viale Monte Nero 34 • U-Bahn M3 Porta Romana • +39 02/54 10 12 70 • www.kapuziner.it • Tgl. 19–2 Uhr

»Girls just want to have fun!« Gute Mädelsabende sind in Mailands Bars und Clubs garantiert – auch ohne Schuhe!

✳ Lime Light

Der Einrichtung in Underground-Architektur ist jede Eleganz fremd. Diese **Disko** ist ein Treffpunkt für Studenten – aber nicht nur für die. Und Mädels kommen, wie so oft in hiesigen Diskos, vor 23.30 Uhr umsonst rein!

Via Gian Carlo Castelbarco 11 • Straßenbahn 15 Castelbarco • +39 34/20 91 97 39 • www.limelightmilano.it • Fr, Sa 23–5 Uhr

✳ Magazzini Generali

Von einer einfachen Disko oder Konzerthalle kann nicht die Rede sein; das ist eine Institution in Mailand! In einem ehemaligen Lager der Eisenbahn aus den 1930er-Jahren wechseln sich **Star-DJs** ab und treten die berühmtesten Bands auf. Zwei Stockwerke mit mehreren Sälen mit Bühnen, Tanzpisten und einer Sofa-Lounge bilden den Rahmen für einen unvergesslichen Abend.

Via Pietrasanta 16 • U-Bahn M3 Lodi, Straßenbahn 24 Via Ripamonti, Via Lorenzini • +39 02/539 39 48 • www.magazzinigenerali.it

↓ *Eine echte Drag Queen, gesehen im »Patchouli«. Faszinierend, wie das andere Geschlecht weiblicher erscheinen kann als »frau« selbst.*

✳ Patchouli

Der Duft von Patschuliöl erinnert an Wald und will Wohlbefinden wecken. Das ist es, was die Besitzer des Patchouli ihren Gästen in der schönen **Cocktailbar** bieten wollen. Elegant und ausgesucht erscheint die Einrichtung, die luxuriösen Tische und der Glasboden geben dem Ambiente einen asiatischen Touch. Doch jeden Mittwoch zeigt eine Drag-Queen-Show das andere Gesicht des Lokals.

Corso Lodi 51 • U-Bahn M3 Lodi, Brenta, Bus 77 Porta Romana • www.patchoulicafe.com • Tgl. 18–3 Uhr

✳ Raw Fish Cafè

Liebhaberinnen von **Jazzmusik** und gedämmten Licht finden hier das passende Ambiente. Dazu kann man Cocktails schlürfen und Fisch in allen Variationen essen, ob roh oder gekocht. Und wer vom Aperitif oder Dinner nicht genug hat, kann den Abend mit Musik und weiteren Leckerbissen genießen.

Corso di Porta Romana 132 · U-Bahn M3 Porta Romana · +39 02/26 14 37 74 · www.rawfishcafe.it · Mo–Sa 12–23 Uhr

✳ Re Artù Cafè

König Arthur kennen alle. Sein Cafè in Mailand vielleicht nicht. Es ist auch kein echtes mittelalterliches Lokal und Ritter trifft man dort ebenso wenig. Da mag das eine oder andere Mädchen vielleicht etwas enttäuscht sein. Aber sicher ist, dass man dort ein **gutes Bier** bekommt und regionale Weine trinken kann. Hamburger und Pommes Frites gibt es noch dazu. Für alle, die sich eine easy Atmosphäre wünschen und noch auf den Märchenprinzen warten.

Corso Lodi 52 · U-Bahn M3 Lodi, Brenta, Bus 77 Porta Romana · Tgl. 18–22 Uhr

✳ Refeel

Entspannung muss kein Synonym von Ruhe sein. Dynamik und Bequemlichkeit gehören in dieser **Bar** zusammen. Zu jeder Tageszeit können unterschiedliche Kunden auch unterschiedliche Erfahrungen sammeln, vom Frühstück bis zum Brunch, vom Aperitif bis zum nächtlichen Cocktail. An zwei Sonntagen im Monat gibt es Jazz.

Viale Sabotino 20 · U-Bahn M3 Porta Romana, Straßenbahn 9 Viale Sabotino · +39 02/58 32 42 27 · www.refeel.it · Mo–Sa 7–2, So 8–2 Uhr

✳ Sailing Ship

Der Kolonialstil und die vielen kleinen Schiffsmodelle erinnern an die Traumziele der Reisen unserer Vorfahren. Die Atmosphäre ist entspannt. Ideal, um in aller Ruhe zu klönen oder zu flirten. Große Cocktailkarte, wie es sich für eine **Mailänder Bar** gehört. Zum Ausprobieren: die Liköre und Schnäpse.

Viale Isonzo 4 · U-Bahn M3 Lodi · +39 32/91 39 67 86 · www.sailingship.it · Mo–Fr 7–2, Sa 18–2 Uhr

✳ Vinodromo

Eine Bar für jeden Tag. Kein Schickimicki, auch keine alternative Location. Schlicht und einfach eingerichtet, dafür wird hier mit Stil **guter Wein** getrunken. Auch beim Aperitif ist er der Hauptdarsteller. Ab vier Euro das Glas (Champagner: acht Euro) und mit einem kleinen Buffet kann man den Magen auf ein perfektes Dinner vorbereiten. Den klassischen Käse-Schinkenteller gibt es für nur fünf Euro. Für nicht mehr ganz so junge Mädels geeignet.

Via Salasco 21 · Straßenbahn 9 Viale Bligny · +39 02/32 96 07 08 · www.ilvinodromo.it · Mo–Fr 12.30–15, ab 18.30, Sa, So ab 18.30 Uhr

Übernachten

Eines muss man wissen: Die Preise der Mailänder Hotels schwanken enorm. Wenn man zur falschen Zeit kommt, etwa wenn Messen, Kongresse oder andere Großereignisse stattfinden, zahlt man plötzlich für eine Absteige, was vielleicht einem Vier-Sterne-Haus angemessen wäre. Es gibt rund 500 Hotels und Bed & Breakfasts in Mailand. Es ist nicht verkehrt, sich eine Unterkunft in einer Gegend zu suchen, die einem mehr als ein Bett bietet. Hier bei der Porta Romana gibt es so gut wie alles, Shopping, Essen, Nightlife und ein bisschen Kultur. Die Preise für Übernachtungen sind fair und mit Glück (und ohne Messe) findet man Sonderangebote für eine Unterkunft ab 60 Euro die Nacht.

* Best Western Hotel Major

Modernes **Designhotel** der Best-Western-Kette in verkehrsreicher Lage, nur vier U-Bahnhaltestellen vom Zentrum entfernt. Die Zimmer sind einfach, aber gepflegt. Für Anspruchsvolle steht auch eine Suite mit Hydromassagewanne bereit. Das Vier-Sterne-Hotel bietet zudem Zimmer für Frauen an, die mit besonderen Toilettenartikeln ausgestatttet sind. Man kann sich auch mit Parfums, Zeitschriften und Tees verwöhnen lassen.

Viale Isonzo 2 · U-Bahn M3 Lodi · +39 02/55 18 83 35 · www.bwhotelmajor-mi.it · EZ/DZ ab 75 €/100 €

* Brenta

Es liegt weit ab vom Zentrum mit allen Läden und Lokalen, ist aber sehr gut mit der U-Bahn zu erreichen. Ein kleines **Zwei-Sterne-Hotel** kann natürlich mit den großen der Stadt nicht mithalten. Aber es ist sauber, das Frühstück ist üppig, und an Gastfreundlichkeit fehlt es auch nicht. Ideal, wenn man keine zu hohen Ansprüche hat.

Viale Brenta 33 · U-Bahn M3 Brenta · 39 02/56 80 86 88 · www.hotelbrentamilano.com · EZ/DZ ab 70 €

* Crivi's

Wer Komfort am Rande des Stadtzentrums sucht, ist hier gut aufgehoben.

Das **Vier-Sterne-Haus** liegt strategisch günstig, zu Fuß oder mit der U-Bahn kommt man schnell in die Innenstadt, zum Dom und in die Einkaufsstraßen. Die Zimmer sind modern eingerichtet. Ohne Restaurant, aber die »Visconti Bar«, direkt im Hotel, hat bis spätabends geöffnet.

Corso di Porta Vigentina 46 · U-Bahn M3 Crocetta · +39 02/58 28 91 · www.crivis.com · EZ/DZ ab 100 €/140 €

Five

Ein vor wenigen Jahren eröffnetes **Drei-Sterne-Hotel** im lebendigen Viertel der Porta Romana, das zu den beliebtesten in Mailand gehört. Kleine Zimmer, man lasse sich eines zum Hof geben. In der Nähe liegt die »QC Terme« mit großem Wellnessangebot und Sonderpreisen für Hotelgäste. Leider fehlt ein Parkplatz.

Corso Lodi 4 · U-Bahn M3, Straßenbahn 9 Porta Romana · 39 02/58 31 33 31 · www.hotelfive.it · EZ/DZ ab 100 €/120 €

Grand Visconti Palace

Wellnessjüngerinnen wie Geschäftsreisende kommen gerne in das gewiss nicht ganz preiswerte **Vier-Sterne-Hotel**. Schwimmbad, Türkisches Bad, Sauna und Fitnessstudio gehören zum Wellnessangebot. Der Garten für ruhige Momente und der professionelle Service sorgen für einen angenehmen Aufenthalt. Es werden übrigens auch Fahrräder verliehen!

Viale Isonzo 14 · U-Bahn M3 Lodi · +39 02/54 03 41 · www.grandviscontipalace.com · EZ/DZ ab 140 €

Piacenza

Unweit der Porta Romana zu übernachten, ist ideal, um abends ausgehen zu können. Auch tagsüber kann man die Gegend zu Fuß entdecken oder mit der Straßen- und U-Bahn leicht die Innenstadt erreichen. Die Zimmer sind schön eingerichtet, eine **»Fühl-dich-zu-Hause«-Atmosphäre** breitet sich im

Eine Terrasse zum Verlieben bietet das entzückende B&B »Porta Tosa«. Von hier aus blickt man ins Grüne und fühlt sich der lauten Stadt ganz fern. →

ganzen Hotel (drei Sterne) aus. Man achte auf Sonderangebote.

Via Piacenza 4 • U-Bahn M3 Porta Romana • +39 02/545 50 41 • www.hotelpiacenza.com • EZ/DZ ab 60 €/80 €

Porta Tosa

Dieses niedliche **Bed & Breakfast** liegt in einem Gebäude des frühen 20. Jahrhunderts und hat die vergangene Zeit ins Heute gerettet. Eine von innen wie außen charmante Villa. Die zwei Zimmer mit Holzfußboden haben je ein privates Badezimmer. Hier kann man sich wie zu Hause fühlen.

Via Annibale Grasselli 11 • Straßenbahn 27 Viale Corsica, Via Lomellina • +39 34/76 49 35 72 • www.portatosa.it • EZ/DZ 70–120 €/90–160 €

Starhotels Business Palace

In einem alten Fabrikgebäude aus dem frühen 20. Jahrhundert unweit der U-Bahnlinie 3 wurde ein **Businesshotel** (vier Sterne) eingerichtet. Elf Tagungssäle gehören dazu. Zimmer gibt es zwanzigmal so viele. Jeder Gast sucht sich die beste Kissenform für sich aus. Auch für Touristinnen geeignet, die nur Mailands Schönheiten besichtigen wollen.

Via Privata Pietro Gaggia 3 • U-Bahn M3 Porto di Mare • +39 02/535 45 • www.starhotels.com • EZ/DZ ab 100 €/120 €

UNA Mediterraneo

Dieses Hotel liegt in einer Gegend voller Cafés und Restaurants. Der Rhythmus der Stadt ist zu spüren, doch im Haus herrscht Ruhe. Ein **Vier-Sterne-Hotel** mit Fitnessstudio, Sauna und einem Garten zur Entspannung. Vielfältig zeigt sich die mediterrane Küche, die im Restaurant auf den Tisch kommt.

Via Lodovico Muratori 14 • U-Bahn M3 Porta Romana • +39 02/55 00 71 • www.unahotelmeditteraneo.com • EZ/DZ ab 105 €

✳ Uptown Palace

Wer ein Shoppingfan ist und nicht lange mit Tüten und Taschen herumlaufen möchte, findet in diesem **Vier-Sterne-Hotel** eine ideale Unterkunft. Die geräumigen Zimmer unterschiedlicher Ausstattung sind bei vielen Gästen beliebt. Fitnessstudio und Sauna gehören zum Wohlfühlprogramm. Das Restaurant ist auch für Nicht-Gäste geöffnet und hat eine herrliche Terrasse.

Via Santa Sofia 10 • U-Bahn M3 Crocetta • +39 02/30 51 31 • www.uptownpalace.com • EZ/DZ ab 140 €

✳ Vittoria

Ein elegantes **Vier-Sterne-Hotel** für elegante Mädels. Die ruhigen, teilweise aber etwas engen Zimmer sind mit antiken Möbeln eingerichtet. Im Sommer wird draußen im Garten gefrühstückt. Wenn es im Winter kalt ist, kann man sich einen Drink in der Bar gönnen, während im Hintergrund Livemusik ertönt.

Via Pietro Calvi 32 • Straßenbahn 12, 27 Piazza Santa Maria del Suffragio • +39 02/545 65 20 • www.hotelvittoriamilano.it • EZ/DZ ab 90 €/100 €

✳ XXII Marzo

Ein kleines **Familienhotel**, ideal, um günstig anständig zu übernachten. Es liegt nicht weit vom Zentrum entfernt und hat mit seinen nur zwei Sternen durchaus Komfort zu bieten, von WLAN bis zu einem leckeren Frühstück.

Piazza Santa Maria del Suffragio • Straßenbahn 12, 27 Piazza Santa Maria del Suffragio • +39 02/701 07 64 • www.hotel22marzo.com • EZ/DZ ab 40 €/50 €

Victory! Endlich im Bett. Und was für eines: Im eleganten »Vittoria« wohnt und träumt man wie eine Prinzessin. →

Mailand von A bis Z

Anreise

Ob mit dem Zug oder mit dem Bus von einem der Flughäfen: Man kommt meist am Hauptbahnhof (Stazione Centrale) an. Von dort aus kann man dann mit der U-Bahn, der Straßenbahn oder dem Taxi bequem sein Ziel erreichen.

→ **Mit dem Flugzeug**

Mailand hat drei Flughäfen: Linate, Malpensa und Orio al Serio.
Der City Airport Linate liegt 7 km östlich des Zentrums und wird von nationalen und internationalen Fluggesellschaften angeflogen. Der Linienbus X73 fährt in 20 Minuten direkt in die Innenstadt zur U-Bahnhaltestelle San Babila (M1) und das Ticket kostet nur so viel wie eine Stadtfahrt (1,50 Euro)! Tickets gibt es im Bus (nur in Bussen der Linie X73, die Automaten nehmen nur Kleingeld!), sonst in vielen Tabakläden und an einigen Zeitungsständen. Busse zum Hauptbahnhof, zur Fiera Milano City und zur Fiera Rho Pero (Expo-Messegelände) fahren alle 30 Minuten.

Malpensa, 40 km westlich von Mailand gelegen, hat zwei Terminals. Terminal 1 wird von vielen internationalen und einigen nationalen Fluggesellschaften angeflogen. Vom Bahnhof des Terminals 1 erreicht man mit dem Malpensa Express für 12 Euro in 36 Minuten die U-Bahnhaltestelle Cadorna (M1, M2) oder die Stazione Centrale (M2, M3). Wenn man ins Stadtzentrum möchte, ist das der schnellste Weg. Züge fahren jede halbe Stunde (www.malpensaexpress.it). Sonst kommt man von hier in 50 Minuten für 10 Euro mit dem Bus auch zum Hauptbahnhof und zur Fiera Milano City (Hin- und Rückfahrt 16 Euro, www.malpensashuttle.it).
Am Terminal 2 landen Billigfluglinien wie Easyjet. Mit dem Malpensa-Shuttlebus oder der Autostradale Linie ist man in 45 Minuten am Hauptbahnhof. Das Ticket kostet 10 Euro (www.autostradale.it). Wer mit dem Taxi fahren möchte, muss mit ungefähr 90 Euro rechnen.

Orio al Serio (bei Bergamo) liegt am weitesten von der Stadt entfernt (45 km). Ryanair und andere Billigfluglinien landen hier. Die Busfahrt zum Hauptbahnhof dauert etwa 50–60 Minuten und kostet 10 Euro, die Hin- und Rückfahrt 16 Euro (www.orioshuttle.com).

→ **Mit der Bahn**
Die Fahrt von München nach Mailand (Umsteigen in Verona) dauert acht Stunden (ab 70 Euro), von Stuttgart durch die Schweiz (Umsteigen in Zürich) neun Stunden (ab 130 Euro).

→ **Mit dem Auto**
Entweder durch Österreich über den Brenner und Verona, oder über Bregenz, die Schweiz, den San-Bernardino-Tunnel und Bellinzona – die schnellere und auch schönere Strecke, aber mit hoher Maut in der Schweiz (40 Schweizer Franken). Mautpflichtig sind Autobahnen auch in Österreich und Italien.

Apotheke

24-Stunden-Apotheke: Farmacia Stazione Centrale, Galleria delle Partenze, U-Bahn M2, M3 Centrale; Farmacia Porta Genova, P.le Porta Genova 5/3 Ecke Via Vigevano 45, U-Bahn M2 Porta Genova

Diplomatische Vertretung

Deutsches Generalkonsulat: Consolato Generale di Germania Milano, Via Solferino 40, U-Bahn M2 Moscova, +39 02/623 11 01, www.mailand.diplo.de

Feiertage

Aufgepasst: Italien ist ein religiöses Land mit vielen katholischen Feiertagen. Viele Geschäfte in der Innenstadt, vor allem in den großen Shoppingstraßen, haben dennoch sonn- und feiertags geöffnet. Pfingstmontag ist kein Feiertag.

→ Neujahr
→ 6. Januar: Epiphanie (Dreikönigstag)
→ Karfreitag und Ostermontag
→ 25. April: Tag der Befreiung
→ 1. Mai: Tag der Arbeit
→ 2. Juni: Fest der Republik
→ 15. August: Ferragosto / Mariä Himmelfahrt
→ 1. November: Allerheiligen
→ 7. Dezember: Sant'Ambrogio (Mailands Patron)
→ 8. Dezember: Mariä Empfängnis
→ 25. Dezember: Weihnachten
→ 26. Dezember: Stephanstag

Fundbüro

Ufficio Oggetti Rinvenuti, Via Friuli 30, Tel. +39 02/88 45 39 96, Mo–Fr 8.30–12, 13–15.30 Uhr

Hotels

Messen, Modewochen oder Großereignisse wie die Expo – es lohnt sich immer, die hier angegebenen Preise auf den Hotelwebseiten bei der Reiseplanung zu überprüfen. Je nach Buchungszeit kann es günstiger oder teurer werden. Besser aber nicht die Online-Buchung nutzen, das führt manchmal zu unliebsamen Überraschungen, sondern telefonisch buchen und sich die Buchung per E-Mail bestätigen lassen.

→ Hotels: www.hotel.milano.it
→ Bed & Breakfast: www.bedandbreakfast.it

Internet

Kostenfreien WLAN-Zugang hat man in vielen Bars und Cafés sowie in den meisten Hotels. Internet-Points mit Computerstationen gibt es in öffentlichen Bibliotheken. Zum Beispiel in der Zentralbibliothek Biblioteca Sormani (Corso di Porta Vittoria 6) wenige Schritte vom Dom entfernt. Im Stadtgebiet werden außerdem gerade viele kleine Areale eingerichtet, in denen man nach Anmeldung umsonst im Internet surfen kann. Es gibt einen Indoor-Service (kostenfreies Internet in einigen städtischen Gebäuden) sowie einen Outdoor-Service (www.info.openwifi.it).

Klima/Reisezeit

Mailand ist keine Stadt des Massentourismus wie Venedig, Florenz oder Rom. Es lohnt sich gerade wegen der manchmal »untouristischen« Haltung, die Stadt auf eigene Faust zu entdecken. Man sollte sich dabei nicht zu sehr vom Wetter beeinflussen lassen. Die Winter sind zwar eher nasskalt, aber ab März sprießen bereits Frühlingsblumen und im April kommen die Schwalben. Ein Schirm in Gepäck schadet allerdings nie. In den Sommermonaten wird es manchmal heiß und schwül. Smog und Mücken können dann ganz schön nerven. Im Frühling und Anfang Herbst ist die Stadt am schönsten.

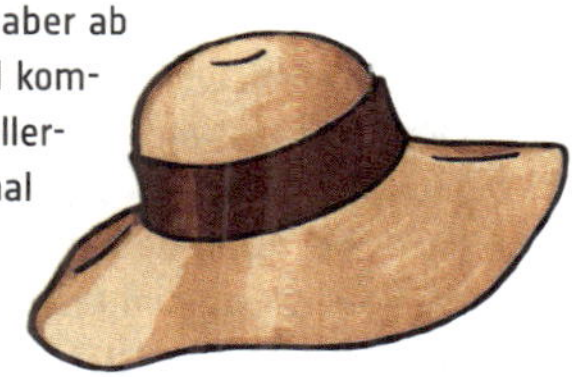

Mailand im Internet

- → Offizielle Seite der Stadtgemeinde Mailand: www.comune.milano.it
- → Offizielle Seite der Provinz Mailand: www.provincia.milano.it
- → www.milanofree.it
- → www.visitamilano.it
- → www.turismo.milano.it

Nützliche Adressen, wenn man auf dem Laufenden bleiben möchte, was in Mailand an Veranstaltungen und in der Restaurant-, Bar-, Club- und Wellness-Szene stattfindet:

- → www.vivimilano.corriere.it
- → www.milanodabere.it
- → www.mentelocale.it

Messen und Veranstaltungen

- → Januar: Winterschlussverkauf
- → Februar: Chinesisches Neujahr (Chun Jien) (www.associna.com); Ambrosianischer Karneval: Mailand ist die einzige Stadt in Italien, die Karneval bis zum Sonntag nach Aschermittwoch feiert.
- → Ende Februar/Anfang März: Milan Fashion Week (www.cameramoda.it)
- → April: Designwoche (www.cosmit.it); »Fa la cosa giusta« – Messe für ethischen Konsum (www.falacosagiusta.terre.it)
- → Mai: Beginn der Expo 2015 (bis Ende Oktober) (www.expo2015.org); Ausverkauf von Markenkleidung
- → Juni: Lateinamerikanisches Festival (bis Ende August; www.latinoamericando.it); Internationale Messe für Brautmode (www.sposaitaliacollezioni.fieramilano.it)
- → Anfang Juli: Sommerschlussverkauf
- → September: MITO – Internationales Musikfestival (www.mitosettembremusica.it)
- → Ende September/Anfang Oktober: Milan Fashion Week (www.cameramoda.it); Smau – Internationale IT-Messe (www.smau.it)
- → Dezember: 6.–8. Dezember: »Obei, Obei« – Weihnachtsmarkt im Castello Sforzseco; Saisonpremiere in der Scala (www.teatroallascala.org)

Notrufnummern

→ *Carabinieri* (Stadtpolizei): 112
→ Polizei: 113
→ Krankenwagen: 118
→ Feuerwehr: 115

Öffentlicher Nahverkehr

Mailand wird mit seinen Vororten erst zur Metropole. Im Großraum leben rund fünf Millionen Menschen. Ein für italienische Verhältnisse gut ausgebautes Nahverkehrsnetz lässt hunderttausende Menschen jeden Tag hinein- und hinauspendeln. Dabei arbeiten die städtischen Verkehrsbetriebe ATM (U-Bahn, Bus, Straßenbahn), die Regionalbahn Trenord (S-Bahn/*Passante Ferroviario*) und die staatliche Eisenbahn FS (interregionale Verbindungen) in einem Verkehrsverbund Hand in Hand.

→ **Tickets**

Die Einzelfahrkarte *(biglietto urbano)* kostet 1,50 Euro und gilt 90 Minuten auf allen ATM-Linien sowie in der S-Bahn bis zur Stadtgrenze. Die Karte muss sofort bei Fahrtantritt entwertet werden. Umsteigen ist zwischen Bus und Straßenbahn unbegrenzt möglich, zum U-Bahnbereich wird aber nur einmal (!) Zutritt gewährt. Mit der Tageskarte *(biglietto giornaliero)* oder der Zweitageskarte *(biglietto bigiornaliero)* kann man für 24 oder 48 Stunden für nur 4,50 oder 8,25 Euro beliebig oft auch mit der U-Bahn fahren. Es lohnt sich, wenn man eine größere Stadttour plant. Alternativ gibt es eine Sammelkarte *(carnet)* für 10 Fahrten (jeweils wieder 90 Minuten gültig) zum Preis von 13,80 Euro.

→ **Fahrkartenverkauf**

In den Bussen und Straßenbahnen der ATM kann man keine Tickets kaufen (Ausnahme: die Linie X73 von und nach Linate). Die Einzel- und Tageskarten gibt es in jeder U-Bahnstation an den Automaten, in vielen Bar-*Tabacchi* (mit einem großen »T« gekennzeichnet) und an Zeitungsständen in der Nähe von Haltestellen.

→ **Mit der Metro**

Es ist zwar nicht so schön, durch dunkle Tunnel zu fahren, aber die U-Bahn (»Metro«) ist wohl das beste und schnellste Verkehrsmittel der Stadt. Man bewegt sich staufrei, es gibt vier (demnächst fünf) Linien, die an Bahnhöfen und auf Hinweisschildern farbig gekennzeichnet sind: M1, *la rossa* (rot), M2, *la verde* (grün), M3, *la gialla* (gelb) und M5, *la lilla* (lila). Demnächst kommt noch die blaue M4 dazu. Man achte allerdings auf die jeweilige Endstation, da einige Linien sich auf ihrem letzten Streckenabschnitt gabeln. Zum Messe-/Expogelände geht es also mit der »roten« M1 Richtung Rho-Fiera (und nicht Richtung Bisceglie)! Achtung: Zu den Stoßzeiten morgens und abends sind die Züge proppenvoll.

→ **Mit dem Bus/der Tram**

Mit dem Bus oder der Straßenbahn (Tram) lohnen kurze Strecken oder Querverbindungen, die von der Metro nicht bedient werden. Bei hohem Verkehrsaufkommen muss man mit Wartezeiten rechnen. Manchmal ist man in Mailand, einer Stadt der kurzen Wege, zu Fuß sogar schneller. Ein kleines Erlebnis sind die alten Tramwagen der Baureihen Ende der 1920er-Jahre. Sie werden mit ihren Holzbänken und der alten Ausstattung von den Mailändern geliebt, auch wenn sie sich laut ratternd und knatternd in die Kurven legen. Mit den Linien 1, 19, 23 und 33 kann man noch wie anno dazumal fahren.

→ **Mit der S-Bahn**

Die S-Bahnlinien verbinden abgesehen von der Stammstrecke *(Passante Ferroviario)* im Zentrum zwischen den Bahnhöfen Garibaldi und Porta Venezia/Dateo vor allem die Stadt mit ihrer Umgebung. Mit ihnen erreicht man auch Ausflugsziele wie den Comer See oder den Lago Maggiore. Aber sie sind auch in manchen Teilen der Stadt eine gute Alternative, wenn keine U-Bahnstation in der Nähe ist (www.trenord.it). Innerhalb des Stadtgebietes ist das ATM-Ticket gültig.

→ **Nachts**

Die U-Bahn fährt nur bis 0.30 Uhr, freitags und samstags bis 1.30 Uhr. Erst um 6 Uhr geht es dann wieder los. Also muss man überlegen, ob man bis in den Morgen durchfeiert oder doch lieber anders zurück ins Hotel kommt. Zum Beispiel mit dem Nachtbus. Fast jede Buslinie hat auch eine Nachtlinie, die mit einem N gekennzeichnet ist und etwa im Ein-Stunden-Rhythmus verkehrt. N-Busse fahren dann auch die U-Bahnlinien ab.

→ **Weitere Informationen**

ATM Milano, www.atm-mi.it

Öffnungszeiten

Geschäfte haben in der Regel von 9.30/10 Uhr bis 19/20 Uhr geöffnet. Kleinere Läden machen oft eine Mittagspause von 12.30/13 Uhr bis 15.30 Uhr. Am Samstag ist Shopping angesagt, viele Läden bleiben ganztägig geöffnet. Die Öffnungszeiten am Sonntag variieren von Saison zu Saison. In der Vorweihnachtszeit und in den *Saldi*-Monaten (Schlussverkauf) bleiben die meisten Läden ebenfalls ganztägig offen. Einkaufzentren, einige Supermärkte oder die kommerziellen Ketten längs der Einkaufsstraßen haben auch an normalen Sonn- und Feiertagen geöffnet.

Restaurants

In Italien wird im Gegensatz zu Deutschland oft ein wenig später zu Mittag und zu Abend gegessen. Jedoch hat die Internationalisierung vor allem in Städten wie Mailand zu einer gewissen Flexibilität geführt. Traditionelle italienische Restaurants öffnen gegen 12.30 Uhr und schließen um 14.30/15 Uhr bis gegen 19.30 Uhr. Natürlich variieren die Uhrzeiten von Restaurant zu Restaurant. Vor allem am Abend und am Wochenende ist es besser, zu reservieren.

Sicherheit

In Mailand geht es zu wie in allen anderen Großstädten Mitteleuropas auch. Man kann sich ohne Angst bewegen, sollte jedoch hier und da einfach sorgsam mit Geldbörse, Fotoapparat, Handy etc. umgehen. Während der Eventwochen ist das ohnehin dicht besiedelte Mailand voller Menschen, da kann leicht etwas aus der Tasche fallen oder eine fremde Hand hineinrutschen. Vor allem auf Märkten, im Hauptbahnhof oder in der U-Bahn sollte man auf die persönlichen Gegenstände gut achten. Falls doch etwas gestohlen wird, sofort zur nächsten Polizeistation (*Polizia* oder *Carabinieri*) gehen und es melden.

Stadtführungen

→ City Sightseeing Milano mit dem Bus: www.milano.city-sightseeing.it
→ Stadtführung mit Experten: www.visiteguidatemilano.it
→ Auf den Spuren von Leonordo da Vinci: www.leonardoamilano.org

Taxi

In der Innenstadt findet man überall Taxistände. Schwer ist es, sich einen vorbeifahrenden Wagen heranzuwinken, denn die sind meistens besetzt. Vorsicht an Bahnhöfen und Flughäfen vor Fahrern, die außerhalb der offiziellen Stände Angebote machen. Man reihe sich besser geduldig in die Taxiwarteschlange ein, wenn man anschließend beim Bezahlen keine böse Überraschung erleben möchte.

→ Taxizentralen: +39 02/85 85, +39 02/69 69, +39 02/53 53
→ Preise: Starttarif Mo–Sa ab 3,20 Euro, So ab 5,20 Euro, nachts ab 6,20 Euro

Touristeninformation

→ In Mailand gibt es bislang nur zwei Informationsbüros für Touristen: IAT Piazza Castello, Piazza Castello 1 Ecke Via Beltrami, U-Bahn M1 Cairoli, M2 Lanza; Infobox Stazione Centrale, an den Gleisen 13 und 14

→ Stadtplan: Einen einfachen Stadtplan bekommt man beim Infobüro IAT (Piazza Castello oder Stazione Centrale). Man kann ihn sich auch auf www.turismo.milano.it herunterladen. Detailliertere und größere Stadtpläne verkaufen Zeitungsläden in der Innenstadt oder an den Flughäfen.

Trinkgeld/Bezahlen

→ **Trinkgeld**

Das ist eine Frage des Fingerspitzengefühls. In Italien muss man kein Trinkgeld geben. In den Restaurants zahlt man meistens ein *coperto* (Gedeck) von 2 bis 5 Euro für Brot und Service. Das schließt natürlich nicht aus, dass man einem freundlichen Kellner oder einer lächelnden Kellnerin ein kleines Extra hinterlässt.

→ **Bezahlen**

In Restaurants zahlt man entweder an der Kasse oder man bestellt *il conto* (die Rechnung) am Tisch. Bei einer Gruppe wird in der Regel pro Tisch und nicht pro Person abgerechnet. Es ist durchaus üblich, den Endpreis solidarisch durch die Anzahl der Personen aufzuteilen – *alla romana*, auf römische Art, nennt man das. In den Lokalen und Pubs gilt beim Aperitif und später das gleiche Prinzip. Nur in den Bars zu Mittag darf jeder sein *panino* einzeln an der Kasse bezahlen.

Register

Straßennamen

Sehenswürdigkeiten

Impressum

Verantwortlich: Stephanie Iber
Illustrationen: Cornelia Seelmann, Berlin
Redaktion: Nadja Pietraszek, Konstanz
Korrektorat: Viola Siegemund, München
Layoutkonzept und Umschlaggestaltung: coverdesign uhlig, Augsburg
Layout und Satz: VerlagsService Gaby Herbrecht, Mindelheim
Repro: Repro Ludwig, Zell am See
Kartografie: Huber Kartographie, München
Herstellung: Bettina Schippel, Barbara Uhlig

★★★★★

Sind Sie mit diesem Titel zufrieden? Dann würden wir uns über Ihre Weiterempfehlung freuen.
Erzählen Sie es im Freundeskreis, berichten Sie Ihrem Buchhändler oder bewerten Sie beim Onlinekauf.
Und wenn Sie Kritik, Korrekturen oder Aktualisierungen haben, freuen wir uns über Ihre Nachricht an Bruckmann Verlag, Postfach 40 02 09, 80702 München oder per E-Mail an lektorat@verlagshaus.de.

Printed in Germany by cpi books

Unser komplettes Programm finden Sie unter www.bruckmann.de

Umschlagrückseite: Schaufenster-Schönheit mit Hut (20134 LAMBRATE)

Bildnachweis: S. 17: Museo Nazionale Scienza e Tecnologia Leonardo Da Vinci/Alessandro Grassani; 19: Shutterstock (www.shutterstock.com)/saras66; 21: Teatro alla Scala/ph Brescia, Amisano; 26: Wait and See; 29: Ristorante Cracco; 30: Fioraio Bianchi Caffè/Raffaella Braghini; 31: MAIO Restaurant; 32: Zero Contemporary Food; 33: Torre di Pisa; 35 o., 35 u.: Boscolo Milano; 36: Profumeria Mazzolari/Olimpia Castellini Baldissera; 37: Sugarwax Milano; 39: Boccondivino; 44: Hotel Regina; 51: Shutterstock/Mueller, C.; 53: Shutterstock/kleem26; 57: ASAP; 59: Shutterstock/Lo Presti, D.; 63: Antica Trattoria della Pesa; 64: Caffè Novecento; 65: Eataly/Riccardo Bucchino & Paolo Brignone; 72 o., 72 u.: Bhangrabar; 77: Gogol'Ostello; 83: Galleria d'Arte Moderna/Vila Belgiojoso; 89: 20134 LAMBRATE; 91: Lisa Corti; 95: Capoverde; 96: Frijenno Magnanno/stefano aiti; 103: b:free; 107 o., 107 u.: Il Ricci; 109: Bronzino House Milano; 117: Shutterstock/miqu77; 121: Shutterstock/Mihai-Bogdan, L.; 125 o.: mauritius images, Mittenwald/Alamy; 126: Shutterstock/Bona, P.; 129: mauritius images/Alamy; 131: Gogol & Company/Andy Ferrario; 139: mauritius images/Alamy; 143: Hotel Maison Casa Borella; 149: mauritius images/CuboImages; 152: Shutterstock/Bona. P.; 155: ABside snc; 163: Bahama Mama; 167: Shutterstock/Kalistratova, E.; 169 o.: Shutterstock/Pressmaster; 169 u.: Shutterstock/josto; 170: Shutterstock/Borodina, M.; 173: Bed & Breakfast di Porta Tosa; 175: Hotel Vittoria

Die Deutsche Nationalbibliothek verzeichnet diese Publikation in der Deutschen Nationalbibliografie; detaillierte bibliografische Daten sind im Internet über http://dnb.d-nb.de abrufbar.

ISBN 978-3-7654-8883-2

In gleicher Reihe erschienen

ISBN 978-3-7654-6820-9

ISBN 978-3-7654-8233-5

ISBN 978-3-7654-8725-5

ISBN 978-3-7654-6808-7

ISBN 978-3-7654-8883-2

ISBN 978-3-7654-8727-9

ISBN 978-3-7654-3232-8

ISBN 978-3-7654-8726-2

ISBN 978-3-7654-8728-6